自分《じぶん》の思《おも》いを言葉《ことば》にする

こども アウトプット 図鑑《ずかん》

OUTPUT

著 精神科医 樺沢紫苑

監修 精神科医 さわ

sanctuary books

はじめに

小学生《しょうがくせい》のみんなは、楽《たの》しい毎日《まいにち》を送《おく》りながらも、悩《なや》みや心配《しんぱい》ごともたくさんあるでしょう。

学校生活《がっこうせいかつ》、友《とも》だち関係《かんけい》、家族《かぞく》のこと、世《よ》の中《なか》のふしぎ。解決《かいけつ》したいけどできない、知《し》りたいけどよくわからない……いつも元気《げんき》なあなたも、あの子《こ》も、心《こころ》の中《なか》にはいろんなものをかかえているんじゃないかな？

そんな心《こころ》の中《なか》のモヤモヤをとりはらい、未来《みらい》を切《き》り開《ひら》くのにいちばん大切《たいせつ》なことってなんだろう？　勉強《べんきょう》？　努力《どりょく》？　それとも、強《つよ》い心《こころ》？

うん、どれもまちがいではない。でも、あなたたちの未来《みらい》をいいものにかえるために、いちばん大切《たいせつ》なものがある。それは「アウトプット」の力《ちから》。

この言葉《ことば》、はじめて聞《き》いた人《ひと》もいるだろうから、ここで説明《せつめい》しましょう。

授業《じゅぎょう》で先生《せんせい》の話《はなし》を聞《き》いたり、教科書《きょうかしょ》の文字《もじ》を目《め》で追《お》ったり、動画《どうが》を見《み》たりする勉《べん》強《きょう》のしかたは「インプット」。すでに、みんないつもやっているよね。

対《たい》して、「アウトプット」は、教《おそ》わったことをだれかに話《はな》したり、感想《かんそう》を書《か》いたり、学《まな》んだことをまとめて発表《はっぴょう》したりすること。何《なに》か目標《もくひょう》を決《き》めて、それに向《む》けて新《あら》たな行動《こうどう》を起《お》こすこともふくまれます。

まとめると、「話《はな》す」「書《か》く」「行動《こうどう》する」のがアウトプット。いくら頭《あたま》の中《なか》でいいことを考《かんが》えていても、アウトプットをしないかぎり、人生《じんせい》はかわらないんだ。

こう、断言《だんげん》するのは、何《なに》より私《わたし》、樺沢紫苑《かばさわしおん》が、アウトプットで人生《じんせい》をかえてきたちょう本人《ほんにん》だから。そして、精神科医《せいしんかい》として、アウトプットによって人生《じんせい》がかわる人《ひと》をたくさん見《み》てきました。

この本《ほん》は、小学生《しょうがくせい》のみんなに聞《き》いて集《あつ》めた82の悩《なや》みやこまりごとについて、「アウトプットで解決《かいけつ》する方法《ほうほう》」をしょうかいします。気《き》になるページから読《よ》んでいいし、どのページにも今日《きょう》からできる「アクションプラン（行動計画《こうどうけいかく》）」をつけているから、できそうなことからやってみてね。

アウトプットの力《ちから》を味方《みかた》につけて、長《なが》くつづいていくこれからの人生《じんせい》を力強《ちからづよ》く切《き》り開《ひら》いてください。

くる仲間《なかま》 4年《ねん》2組《くみ》のみんな

ゲン太《た》

- 友《とも》だち思《おも》いで熱《あつ》い性格《せいかく》
- 思《おも》ったことはすぐに口《くち》にする
- きょうだいとゲームのとり合《あ》いでよくケンカになる
- カナ子《こ》のおさななじみ
- サッカーがとくい

細川《ほそかわ》

- ちょっとネガティブな性格《せいかく》
- かぜをひきやすい
- ギターを習《なら》っている
- ひなたをたよりにしている

ひなた

- やさしくて、のんびりした性格《せいかく》
- 人前《ひとまえ》に立《た》つのは苦手《にがて》
- ピンチのときにたよりになる

この本《ほん》に出《で》て

カナ子《こ》

- やさしい性格《せいかく》
- 心配性《しんぱいしょう》で、まわりに気《き》を使《つか》いすぎてしまう
- 言《い》いたいことが言《い》えないのが悩《なや》み
- 自分《じぶん》をかえたいと思《おも》っている
- 妹《いもうと》がいる
- バスケがとくい

ちはる

- カナ子《こ》といちばん仲《なか》がいい
- しっかり者《もの》
- 女子《じょし》とも男子《だんし》ともよく話《はな》す
- 少《すこ》しおっちょこちょい
- 本《ほん》が好《す》き

ワタナベさん

- ナゾが多《おお》い
- 何《なに》ごともじっくり考《かんが》える性格《せいかく》
- みんなから一目《いちもく》おかれている
- アニメ好《ず》き

アウトプットってなんだろう？

今日《きょう》から新学期《しんがっき》ですね
代表委員《だいひょういいん》を2名《めい》決《き》めたいと思《おも》います
ザワ
ザワ
ザワ
ザワ
ザワ
話《はな》しベタな自分《じぶん》をかえたい……
やってみたいけど、はずかしい……
手《て》をあげたいのかな？
はい！やりたいです！
びくっ
はい、ゲン太《た》さん もうひとり立候補《りっこうほ》する人《ひと》はいますか？
カナ子《こ》、だいじょうぶできるよ
う、うん……
おお〜〜!!
では代表委員《だいひょういいん》はゲン太《た》さんとカナ子《こ》さんでいいですね？

放課後《ほうかご》
まず秋《あき》の学年《がくねん》レクリエーションの内容《ないよう》を決《き》めます
2人《り》の役割《やくわり》は、クラスみんなのアイデアを集《あつ》めてそれをひとつの形《かたち》にするつまり「アウトプット」することです
アウトプット？
なるほど！みんなの意見《いけん》を集《あつ》めておもしろいイベントをつくればいいんですね！
キリッ
アウトプットって聞《き》いたことはあるけどつたえることなのかな……
私《わたし》、そんなのうまくできるかな
アウトプット
アウトプット
アウトプッ
しりとりリレーとか？
ぱっ
校内《こうない》でおにごっこ？
クイズ大会《たいかい》とかは？
なんでもバスケット？
カナ子《こ》も何《なに》かいいアイデアある？
えっと……まだ考《かんが》え中《ちゅう》……
うう……

アウトプットって何《なに》かを表《おもて》に出《だ》すことだよね……
う〜ん
でも私《わたし》ずっと自分《じぶん》の意見《いけん》を言《い》うのが苦手《にがて》だったな……
どうしたの？
クラスのレクの案《あん》をまとめないといけなくて……
あ！
スタスタ
この本《ほん》、前《まえ》に読《よ》んだことがあるの
お母《かあ》さんも話《はな》すのが苦手《にがて》だったからすごく役《やく》に立《た》ったのよ
OUTPUT
アウトプット大全
アウトプットって「話《はな》す」「書《か》く」「行動《こうどう》する」ことなんだ
私《わたし》も心《こころ》の中《なか》で思《おも》っていることを少《すこ》しずつ出《だ》していけばいいのかも！
どう？
ふむふむ
OUTPUT
アウトプット大全

翌日《よくじつ》
学年《がくねん》レクリエーションについて
これから
みんながやりたい
レクリエーションの
アンケートをとります
ドキドキ
みんなの意見《いけん》、
どんどん
教《おし》えて～
あの……どんなことが
やりたいか
教《おし》えてもらえる？
ドキ ドキ ドキ
ドキ ドキ
じゃあ
ジェスチャーゲーム
とかどう？
絵《え》しりとりで
伝言《でんごん》ゲームに
しちゃう？
学校中《がっこうじゅう》を使《つか》って
宝探《たからさが》しとかは？
それ
いいね！
ワイワイ
ガヤガヤ

それいいね！書《か》いておくね！
宝探《たからさが》し 正一
クイズ 下
お！
カナ子《こ》が黒板《こくばん》に書《か》いてくれてわかりやすい！
カナ子《こ》、やるじゃん！
ナイス!!
みんなの意見《いけん》を聞《き》いてまとめる、それもアウトプットなんだ……！
えへへ
宝探 正一
クイズ 下
やるなー
すごいー
ありがとな
アウトプット、少《すこ》しずつだけど私《わたし》にもできる気《き》がしてきた！
前《まえ》よりクラスのみんなと話《はな》すのが楽《たの》しいし、自分《じぶん》に自信《じしん》がもてるようになってきたかも！

現実《げんじつ》の世界《せかい》をかえるのはアウトプットだけ

脳《のう》の中《なか》に情報《じょうほう》を入《い》れるのが「インプット（＝入力《にゅうりょく》）」。反対《はんたい》に、脳《のう》に入《はい》ってきた情報《じょうほう》を、頭《あたま》の中《なか》でしょりして、また外《そと》の世界《せかい》に出《だ》すのが「アウトプット（出力《しゅつりょく》）」。

みんなの動《うご》きで言《い》うと、「読《よ》む」「聞《き》く」はインプット、「話《はな》す」「書《か》く」「行動《こうどう》する」のがアウトプットです。

たとえば、本《ほん》を読《よ》むのはインプットで、その感想《かんそう》を言《い》うのはアウトプット。だれかに感想《かんそう》をつたえることで、生《い》きた知識《ちしき》が頭《あたま》の中《なか》に定着《ていちゃく》し、あなたの成長《せいちょう》につながります。

やみくもに何《なん》さつも読《よ》んでただ情報《じょうほう》を入《い》れるより、1さつの本《ほん》を読《よ》むたびにしっかりアウトプットするのが大切《たいせつ》なんだ。アウトプットを習慣《しゅうかん》にすると、脳《のう》の中《なか》の世界《せかい》だけでなく、現実《げんじつ》の世界《せかい》がかわっていくよ。

インプット＝「入力《にゅうりょく》」すること
読《よ》む
へえ〜
聞《き》く
アウトプット＝「出力《しゅつりょく》」すること
話《はな》す
書《か》く
行動《こうどう》する
「脳内世界《のうないせかい》」がかわる
「現実世界《げんじつせかい》」がかわる
月《つき》10さつ読書《どくしょ》する人《ひと》
月《つき》10さつ読《よ》んで、
1さつもアウトプットしない
……
変化《へんか》は少《すく》ない
月《つき》3さつ読書《どくしょ》する人《ひと》
月《つき》3さつ読《よ》んで、
3さつアウトプットする
あの本《ほん》
おもしろかったよ
内容《ないよう》は……
ぐんぐん自己成長《じこせいちょう》する

「2週間《しゅうかん》で3回以上《かいいじょう》」アウトプットすると成長《せいちょう》できる

授業《じゅぎょう》で聞《き》く先生《せんせい》の話《はなし》、みんなは1回《かい》聞《き》いたらすぐにおぼえられるかな？　1回《かい》じゃちょっとむずかしいよね。

人間《にんげん》の脳《のう》は、情報《じょうほう》をインプットしても、使《つか》わないとすぐにわすれてしまうようにできています。でも、その情報《じょうほう》を使《つか》う＝アウトプットすると、脳《のう》は「大事《だいじ》な情報《じょうほう》」だとはんだんして、しっかり記《き》おくしてくれるようになるんだ。

漢字《かんじ》の書《か》きとりや計算《けいさん》ドリルの宿題《しゅくだい》は、まさにそのためのもの。情報《じょうほう》をインプットしてから「2週間《しゅうかん》で3回以上《かいいじょう》」アウトプットするといいと言《い》われています。

そして、この「インプットしたらアウトプットする」というサイクルがみんなの成《せい》長《ちょう》をもたらします。どんどん回《まわ》して、どんどん成長《せいちょう》していこう。

「インプット」と「アウトプット」のサイクルをどんどん回《まわ》す

アウトプット
インプット
12さい以下《いか》
マンガ大賞《たいしょう》
自《じ》己《こ》成《せい》長《ちょう》
アウトプット
メモ
テレビで見《み》た○○が……
インプット
アウトプット
あの本《ほん》で読《よ》んだんだけど
インプット
なるほど!

インプットとアウトプットの黄金比《おうごんひ》は「3対《たい》7」

インプットとアウトプットは、「3対《たい》7」のバランスでやるのがいいと言《い》われているよ。おぼえる時間《じかん》に30分使《ぶんつか》ったら、練習《れんしゅう》したり、問題《もんだい》をといたりするのに70分使《ぶんつか》うイメージ。

ダンスのふり動画《どうが》をただじっと見《み》ていても、おどれるようにはならないよね。はじめはぎこちなくてもいいから、とにかく体《からだ》を動《うご》かして、練習《れんしゅう》することが大切《たいせつ》なんだ。

そして、アウトプットをすると、いいことがたくさん起《お》こるよ。とくに、「①記《き》おくにのこる」「②楽《たの》しい」「③現実《げんじつ》がかわる」「④行動《こうどう》がかわる」「⑤自己成長《じこせいちょう》する」「⑥大《おお》きな結果《けっか》が出《で》る」といったメリットがあるよ。アウトプットを意識《いしき》するだけで、毎日《まいにち》がじゅう実《じつ》して、自分《じぶん》がなりたいすがたにどんどん近《ちか》づいていけるんだ。

インプット＜アウトプットが成長《せいちょう》のカギ

アウトプットの6つのメリット

1章《しょう》 友《とも》だちの悩《なや》み

2章《しょう》 学校《がっこう》の悩《なや》み

3章《しょう》 家族《かぞく》の悩《なや》み

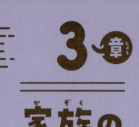

4章《しょう》 心《こころ》の悩《なや》み

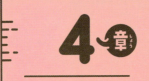

5章《しょう》 生活《せいかつ》の悩《なや》み

6章《しょう》 世《よ》の中《なか》のふしぎ

1章《しょう》

友《とも》だちの悩《なや》み

友《とも》だちの悩《なや》み

01

友《とも》だちって多《おお》いほうがいいの？

1年生《ねんせい》になるとき、お母《かあ》さんやお父《とう》さん、通《かよ》っていた保育園《ほいくえん》やようち園の先生《せんせい》に「小学校《しょうがっこう》でたくさんお友《とも》だちをつくるんだよ」と言《い》われたかもしれないね。

でも、じつは、ひとりの人《ひと》が親《した》しくできる人数《にんずう》にはかぎりがあるんだ。「親友《しんゆう》」とよべるほど親《した》しくできるのは、5人《にん》が限界《げんかい》だと言《い》われているよ。

こまったときに相談《そうだん》できる友《とも》だちが2～3人《にん》、いやひとりいれば十分《じゅうぶん》。「いっしょにいていいごこちがいいな」と思《おも》える子《こ》と深《ふか》い関係《かんけい》をきずいていこう。

親友《しんゆう》・仲間《なかま》・知《し》り合《あ》いのちがい

強《つよ》いきずなは、どんなに多《おお》くても5～15人《にん》までとしかむすべない。

アクションプラン

いっしょにいていごこちがいいと感《かん》じる友《とも》だちに「いつもありがとう」とつたえてみよう

友《とも》だちの悩《なや》み 02

自分《じぶん》のキャラをうまく出《だ》せません

「足《あし》が速《はや》い子《こ》」「絵《え》がうまい子《こ》」「クラスのリーダー的《てき》そんざい」「お笑《わら》い芸人《げいにん》みたいにみんなを笑《わら》わせてくれる子《こ》」……クラスにいるキラキラした子《こ》たちとくらべて、「自分《じぶん》はキャラが立《た》ってないな」と悩《なや》むひつようはないよ。

だって、そのままのあなたでいてくれるだけで、十分《じゅうぶん》にすてきだから。まずは、そんなあなたのことを、あなた自身《じしん》がもっと知《し》ろう。

自分《じぶん》のことがわかったら、「弱《よわ》さ」もはずかしが

自信《じしん》があるところも……
足《あし》が速《はや》い!
全部《ぜんぶ》があなたのみ力《りょく》です
いつも手《て》をあげて発表《はっぴょう》するよ!
こまっている人《ひと》がいたらすぐ気《き》づくよ!
いいね

らずに出《だ》してみるのもいいね。「そんな部《ぶ》分《ぶん》もあったんだ、かわいいところがあるんだな」と、友《とも》だちはきょうみをもってくれるよ。もちろん、とくい分《ぶん》野《や》をもっとのばしていくのもおすすめ。

アクションプラン

とくいなこと／苦手《にがて》なことを書《か》き出《だ》して、自己分《じこぶん》せきしてみよう

自分《じぶん》のことを正直《しょうじき》に話《はな》すと、相手《あいて》はいいいんしょうをもってくれるよ

ちょっと
はずかしいところも……
人前《ひとまえ》に立《た》つとキンチョーしちゃう
1年《ねん》のときおもらししちゃった！
ピアノの練習《れんしゅう》しなさすぎてお母《かあ》さんにおこられちゃう……！
そんなことまで
話《はな》してくれるなんて……！
いいね

友《とも》だちの悩《なや》み

03

人気者《にんきもの》になりたい！

休《やす》み時間《じかん》の教室《きょうしつ》でみんなにかこまれている「クラスの人気者《にんきもの》」。きっと、だれに対《たい》してもいやな態度《たいど》をとることなく、かといってだれかのきげんをとろうとしたりもせず、いろんな子《こ》とわけへだてなく話《はな》してるんじゃないかな？

そう、人気者《にんきもの》への道《みち》は、いろんな子《こ》と話《はな》すことから始《はじ》まるんだ。きのう見《み》たテレビの話《はなし》でも、天気《てんき》の話《はなし》でも、なんでもいいよ。その会話《かいわ》のつみ重《かさ》ねが、あなたの好感度《こうかんど》アップにつながるはず。

アクションプラン

明日《あす》、いつもは
あまり話《はな》さない子《こ》に
話《はな》しかけてみよう

友《とも》だちの悩《なや》み 04

友《とも》だちになりたい子《こ》になんて声《こえ》かけたらいい？

クラスがえではじめていっしょになった、ずっと気《き》になっていたあの子《こ》。習《なら》いごとでちょっと目立《めだ》ってる、となりの学校《がっこう》のあの子《こ》。友《とも》だちになりたいなら、「その子《こ》の好《す》きなもの」を見《み》つけよう。

ランドセルやかばんにキャラもののキーホルダーをつけているのを見《み》つけたら、「それ、好《す》きなの？」。アイドルが好《す》きだといううわさを聞《き》いたら、「だれが推《お》しメンなの？」。好《す》きなものの話《はなし》なら、きっとすぐに打《う》ちとけられるはず。

友《とも》だちになりたい子《こ》をよくかんさつして……

もちろん、ストレートに「友《とも》だちになって！」とつたえるのもいいね。言《い》われていやな気《き》もちになる子《こ》はいないと思《おも》うよ。

アクションプラン

明日《あす》、友《とも》だちになりたい子《こ》に「おはよう」って言《い》ってみよう

ほめられたり、アピールしたいポイントに気《き》づいてもらうと、だれでもうれしくなるよ

こんな声《こえ》がけもおすすめ

「好《す》きなYouTuber《ユーチューバー》は？」

「有名人《ゆうめいじん》でだれが好《す》き？」

「血液型《けつえきがた》は？」「友《とも》だちになろう！」

友《とも》だちの悩《なや》み

05

ケンカした友《とも》だちと仲直《なかなお》りするにはどうしたらいい？

自分《じぶん》からあやまってみるのはどうかな？　「感情《かんじょう》伝染《でんせん》」という言葉《ことば》があって、こっちが「ばか」って言《い》うと、相手《あいて》も「ばか」って言《い》ってくる。反対《はんたい》に、こっちが笑顔《えがお》になれば、相手《あいて》も笑顔《えがお》になるんだ。

それに、だれかをずっときらいでいつづけるにはパワーがいる。そんなことに力《ちから》を使《つか》うのはもったいないから、「自分《じぶん》がラクになるためにあやまる」と考《かんが》えてもいいんじゃないかな。自分《じぶん》からあやまるのはけっして「負《ま》け」じゃないよ。

あなたならどうする？
～いい感情《かんじょう》も悪《わる》い感情《かんじょう》も伝染《でんせん》するよ～

アクションプラン

ケンカした友《とも》だちに、
自分《じぶん》から「おはよう」と
言《い》ってみよう

友《とも》だちの悩《なや》み

06

なんでもマネしてくる子《こ》がいや

友《とも》だちがマネしてくるのは、あなたがすてきなしょうこだよ。友《とも》だちは、あなたの洋服《ようふく》やもち物《もの》のセンス、クラスの中《なか》でのふるまいを見《み》て、「あなたみたいになりたい！」と思《おも》っているのかもしれないね。

そこにあるのは、真《しん》けんなあこがれの気《き》もちだけ。いやがらせでやっているわけではないから、マネしてくる子《こ》をのけ者《もの》にするようなことはしないでね。

それから、みんな同《おな》じようなお店《みせ》で買《か》い物《もの》してい

代表委員《だいひょういいん》やりまーす！
いつもみんなをまとめてくれるゲン太《た》くんみたいになりたい……！
私《わたし》もやります！
えっ
あなたも前髪《まえがみ》切《き》ったの？

るだろうから、「たまたま同《おな》じものを買《か》っちゃった」というパターンもありえるよ。「マネされてる！」と感《かん》じても、あまり気《き》にしすぎないのがいいね。

あこがれのあらわれ「モデリング」

あこがれのそんざいに近《ちか》づくために、その人《ひと》の動《うご》きや行動《こうどう》をマネすることを、心《しん》理学《りがく》の言葉《ことば》で「モデリング」といいます。よく、芸能人《げいのうじん》が使《つか》っているコスメや、スポーツ選手《せんしゅ》が使《つか》っているアイテムが売《う》り切《き》れたりするのもそのひとつ。だれかからマネされるのは、その人《ひと》にそれだけのみ力《りょく》があるからと言《い》えるでしょう。

ちはるちゃんみたいなペンケース買《か》おう！
ペンケース

アクションプラン

だれにもマネされないぐらいすてきな自分《じぶん》になろう

お母《かあ》さんが美容室《びようしつ》に行《い》くタイミングでいっしょに行《い》っただけなんだけどね……
うん……

友《とも》だちの悩《なや》み 07

自分《じぶん》の話《はなし》ばかりしちゃいけないの？

人《ひと》は「自分《じぶん》のことをわかってもらえた」という感《かん》覚《かく》を味《あじ》わうとうれしくなる生《い》き物《もの》なんだ。だから、「自分《じぶん》のことをわかってほしい」と思《おも》っている者同士《ものどうし》、会話《かいわ》をするときはキャッチボールをすることが大切《たいせつ》。自分《じぶん》の話《はなし》をひとつしたら、「君《きみ》はどう？」と質問《しつもん》するよう意識《いしき》しよう。相手《あいて》に話《はな》すきをあたえず、自分《じぶん》の話《はなし》ばかりするのは、マナーいはんだよ。

反対《はんたい》に考《かんが》えると、人《ひと》の話《はなし》をねっしんに聞《き》いてあげ

1 きのうアニメの映画《えいが》を見《み》に行《い》ったんだ〜 君《きみ》は何《なに》してた？
2 ぼくは塾《じゅく》のテストだったよ 君《きみ》は塾《じゅく》行《い》ってる？
3 まだ行《い》ってないけど行《い》けって言《い》われてる 塾《じゅく》ってたいへん？
4 たいへんだけど新《あたら》しい友《とも》だちもできるよ
会話《かいわ》はキャッチボールを楽《たの》しむもの

られる人《ひと》は、まわりからしんらいしてもらいやすいと言《い》えるよ。目《め》を見《み》て、うなずきながら、友《とも》だちの話《はなし》をじっくり聞《き》こう。

友《とも》だちとのきずなを深《ふか》める「傾聴《けいちょう》」

「傾聴《けいちょう》」とは、相手《あいて》の話《はな》したいことによく耳《みみ》をかたむけ、共感《きょうかん》しながらじっくり話《はなし》を聞《き》いてあげること。「そんなのありえない」と相手《あいて》を否定《ひてい》したり、「私《わたし》だったらこうするのに」などと意見《いけん》を言《い》ったりせず、まずは相手《あいて》の話《はなし》をありのままに受《う》けとめましょう。目《め》を見《み》て、うなずきながら聞《き》くと、あなたへのしんらい度《ど》はますます高《たか》まります。

アクションプラン

友《とも》だちの話《はなし》を、
うなずきながら
聞《き》いてみよう

ちょっと苦手《にがて》な子《こ》に遊《あそ》ぼうってさそわれたら？

みんな、友《とも》だちを「好《す》き」と「きらい（苦手《にがて》）」にわけてはいないかい？「きらい（苦手《にがて》）」なほうに入《はい》っている友《とも》だちにさそわれると、「ことわりたいけど、どうしよう……」ってこまっちゃうよね。

友《とも》だちのわけ方《かた》をかえてみたらどうかな？「好《す》き／きらい（苦手《にがて》）」ではなく、「好《す》き／ふつう／きらい（苦手《にがて》）」にわけるんだ。すると、ふしぎなことに、ほとんどの子《こ》が「ふつう」に入《はい》ってくるはず。「ふつう」の子《こ》はきょくたんにさけたりせず、

さそわれたら遊《あそ》んでみるといいよ。
ただし、「ことわるといやがらせされちゃうかも……」などのネガティブな理由《りゆう》でまよう場合《ばあい》は、ことわってOK《オーケー》だよ。

友《とも》だちをきずつけない、うまいことわり方《かた》が知《し》りたい！

ことわるときは、うそをついたり、言《い》いわけしたりせず、本当《ほんとう》のことを言《い》うのが◎。あとでうそがバレたりすると、よけいやっかいなことになる場合《ばあい》も。

（れい）

- 夜《よる》に見《み》たいテレビがあるから、宿題《しゅくだい》を早《はや》めに終《お》わらせたいんだ
- お母《かあ》さんから、妹《いもうと》（弟《おとうと》）とるす番《ばん》するように言《い》われてて
- お母《かあ》さんと買《か》い物《もの》に行《い》くの
- きのうおそくまで起《お》きてたから、ちょっとねむいんだ
- 寒《さむ》いから（暑《あつ》いから）外《そと》に出《で》たくない

アクションプラン

さそわれたら、
ことわらずに
1回《かい》は遊《あそ》んでみよう

友《とも》だちの悩《なや》み 09

クラスにきらいな子《こ》がいます

「あの子《こ》、ちょっと苦手《にがて》だな……」ではなく、「あの子《こ》、きらい！」とハッキリ感《かん》じてしまうぐらいにいやな子《こ》、まれにいるかもしれないね。大人同士《おとなどうし》だって、そういうときはあるよ。

どうしても受《う》けつけないなら、適度《てきど》にきょりをとろう。あなたのきらいな子《こ》は、だれかの好《す》きな子《こ》でもあるから、私以外《わたしいがい》の他《ほか》の子《こ》と楽《たの》しく生《い》きてね、って思《おも》えるといいかも。

人《ひと》の行動《こうどう》や考《かんが》えはかえられないから、自分《じぶん》の心《こころ》を

守《まも》るには、自分《じぶん》の行動《こうどう》をかえる＝きょりをとるしかないんだ。「なんであんなことをするんだろう？」と、その子《こ》のいやな行動《こうどう》のウラをさぐってみても、何《なに》も生《う》み出《だ》さないよ。

アクションプラン

きらいな子《こ》のことを考《かんが》えそうになったら、べつの楽《たの》しいことを思《おも》いうかべよう

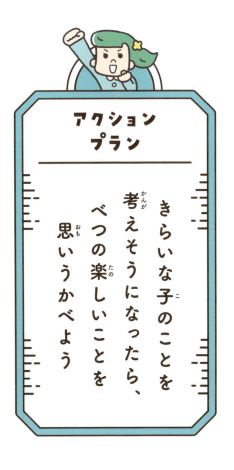

友《とも》だちの悩《なや》み
10

人《ひと》の悪口《わるくち》って言《い》っちゃだめなの？

「うざい」「ムカつく」と、だれかの悪口《わるくち》を言《い》いたくなってしまうときもあるよね。どんなネガティブな感情《かんじょう》であっても、そう思《おも》った自分《じぶん》をせめなくていいよ。

じつは、悪口《わるくち》を言《い》うと、いやなことを思《おも》い出《だ》し、よけいにストレスをためてしまうんだ。だから悪口《わるくち》は言《い》わないほうがいいよ。

でも、「あんなことを言《い》われていやだったな」「もっとやさしくしてほしかったな」とれいせいに

ふり返《かえ》るのは、悪口《わるくち》ではないよ。自分《じぶん》の気《き》もちと向《む》き合《あ》うと、スッキリするよ。

アクションプラン

何《なに》かいやなことをされたら「そういう人《ひと》なんだな、ざんねん」ととなえるようにしよう

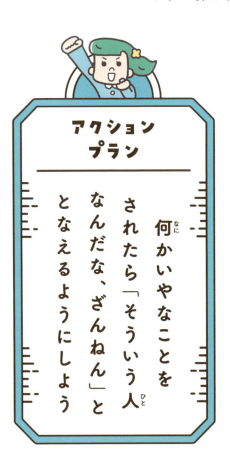

友《とも》だちの悩《なや》み

11

きらわれずにうまくことわる方法《ほうほう》は？

ことわるにはコツがいるんだ。公式《こうしき》は、「感謝《かんしゃ》＋理由《りゆう》＋ことわり＋代《か》わりの案《あん》」。「さそってくれてありがとう（感謝《かんしゃ》）。でも、発表会前《はっぴょうかいまえ》だからピアノの練習《れんしゅう》がしたくて（理由《りゆう》）、遊《あそ》べないんだ（ことわり）。来週《らいしゅう》の同《おな》じ曜日《ようび》ならだいじょうぶなんだけど、どうかな？（代《か》わりの案《あん》）」。これなら友《とも》だちをきずつけることもないよね。

この公式《こうしき》は大人《おとな》になっても使《つか》えるから、ぜひおぼえておこう。

「ことわり方《かた》の公式《こうしき》」をおぼえておこう

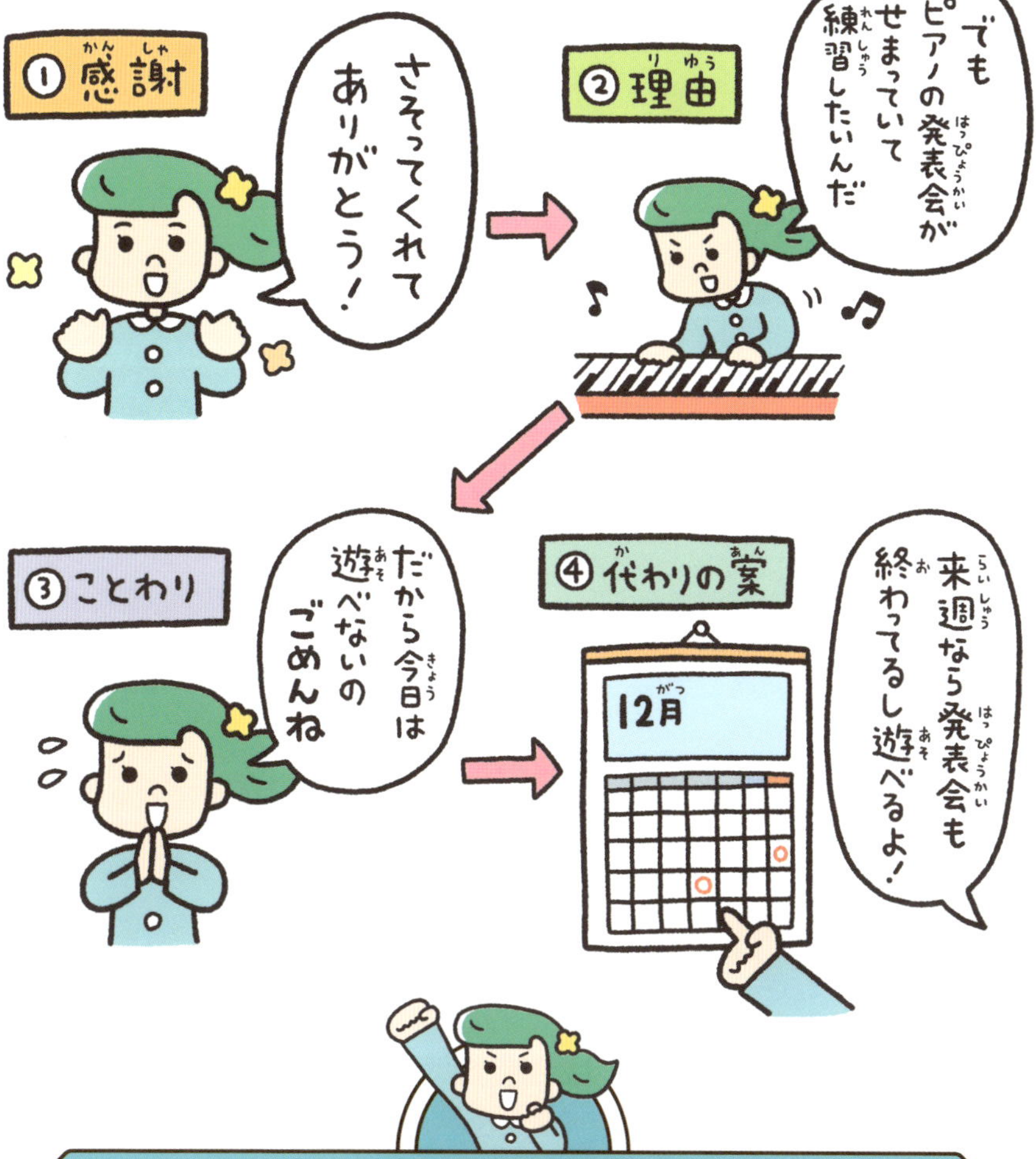

アクションプラン

ことわるとき、まずは
声《こえ》をかけてくれたことに対《たい》して
「ありがとう」とつたえよう

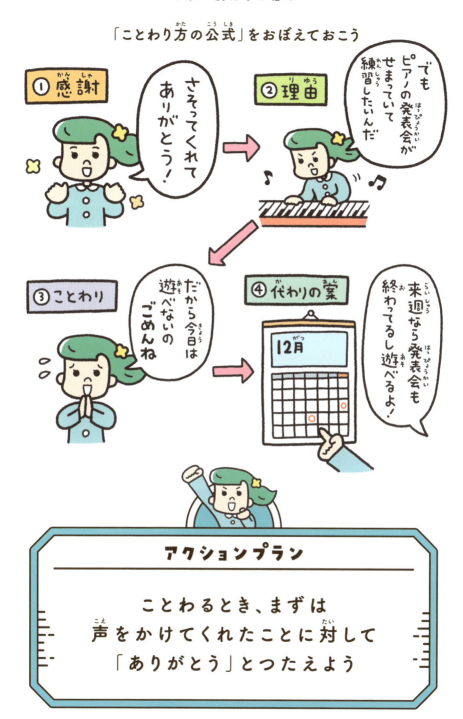

友《とも》だちの悩《なや》み

12

友《とも》だちにおねがいごとを聞《き》いてもらうにはどうしたらいい?

友《とも》だちにおねがいごとを聞《き》いてもらうには、まず、自分《じぶん》が友《とも》だちのために何《なに》ができるかを考《かんが》えよう。人《ひと》は、だれかから親切《しんせつ》にされると、自然《しぜん》とその相手《あいて》にお返《かえ》ししたくなるものなんだ。これを、専門的《せんもんてき》な言葉《ことば》で「返報性《へんぽうせい》の法則《ほうそく》」というよ。ふだんからみんなに親切《しんせつ》にしていると、いざというとき、あなたのことを助《たす》けてくれる子《こ》がかならずあらわれるんだ。

ただし、あまりにも「見返《みかえ》り」を期待《きたい》した行動《こうどう》

返報性《へんぽうせい》の法則《ほうそく》
人《ひと》は親切《しんせつ》にされると
お返《かえ》しをしたくなるよ
そこまでしてくれるなんて
ちはるちゃんの役《やく》に立《た》ちたい
親《しん》切《せつ》
親《しん》切《せつ》

は、友《とも》だちからすぐに見《み》すかされてしまうよ。「ギブ（あたえる）&《アンド》テイク（もらう）」ではなく、「ギブ&《アンド》ギブ」の気《き》もちでいよう。

何《なに》かしてあげるときは「ギブ&《アンド》ギブ」の気《き》もちで

だれかからの「テイク（もらう）」を期待《きたい》した行動《こうどう》は、いともかんたんにまわりにバレてしまいます。とにかく、「ギブ（あたえる）」の気《き》もちで人《ひと》とせっしましょう。そうすれば、いつかあなたがこまったときに、だれかが手《て》をさしのべてくれるはず。「ギブ&《アンド》ギブ」の気《き》もちでいると、まわりまわって「ギブ&《アンド》テイク」につながるのです。

アクションプラン

クラスのみんなのために自分《じぶん》ができることを考《かんが》えてみよう

友《とも》だちの悩《なや》み
13

体《からだ》をすぐさわってくる子《こ》、ぶりっこが苦手《にがて》

自分《じぶん》がされたり、だれかがやっているのを見《み》たりすると、「なんかいやだなぁ」という気《き》もちになる行動《こうどう》ってあるよね。そういう子《こ》は、目立《めだ》つ行動《こうどう》をとって、みんなの気《き》を引《ひ》きたいのかもしれない。

その子《こ》に直接《ちょくせつ》「やめたほうがいいよ」と言《い》うのもいいけど、人《ひと》のことはかんたんにはかえられないから、「そういう子《こ》なんだな」とれいせいにかんさつして、クラスがえや卒業《そつぎょう》までをやりすごすのがいいよ。

そして、さわられたりするのがいやな場合《ばあい》は、「さわられるのが苦手《にがて》」「いやだ」と自分《じぶん》の気《き》もちをつたえよう。それでもかわらない場合《ばあい》は、きっぱり「やめて」とつたえよう。「いやだな」と思《おも》うあなたの気《き》もちを大切《たいせつ》にしてね。

アクションプラン

体《からだ》をさわられて
いやだと感《かん》じたら、
勇気《ゆうき》を出《だ》して「やめて」
と言《い》ってみよう

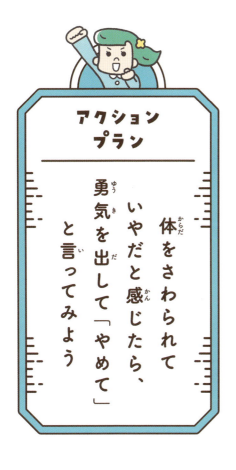

友《とも》だちの悩《なや》み
14

自分《じぶん》はおもしろいことを、なんで友《とも》だちはおもしろくないって言《い》うの？

お気《き》に入《い》りのアニメを「は？　どこがおもしろいの？」と否定《ひてい》されたり、自分《じぶん》の推《お》しアイドルを「ぜんぜんかっこよくないじゃん。しゅみわる」とけなされたりすると、悲《かな》しい気《き》もちになるよね。

でも、「おもしろいね」「かっこいいね」と共感《きょうかん》してもらえなかったとしても、それは、あなたと友《とも》だちの感覚《かんかく》がちがっていただけ。あなた自身《じしん》を否定《ひてい》されたわけじゃないから、おちこまなくていいよ。

いろんな考《かんが》えの人《ひと》がいるから、世《よ》の中《なか》はおもしろ

どんなに
仲《なか》がいい子《こ》でも、
好《す》きなものは
ちがって
あたりまえ
バスケ少女《しょうじょ》
アニメオタク
4人組《にんぐみ》

いんだ。あなたはあなたの考《かんが》えや感覚《かんかく》を大事《だいじ》にしたらいいし、同《おな》じように友《とも》だちの「好《す》き」も大事《だいじ》にしようね。

アクションプラン

友《とも》だちが「おもしろい」と言《い》っていた作品《さくひん》を見《み》てみよう

「それを好《す》きな私《わたし》」をおたがいにみとめ合《あ》えるのがいい友《とも》だちだよ

友《とも》だちの悩《なや》み
15

いじわるな子《こ》は、なんでいじわるをするの？

いじわるをする子《こ》って、どんな気《き》もちなんだろう。たぶん、そういう子《こ》は、自分《じぶん》に自信《じしん》がないんだと思《おも》う。自信《じしん》がないから、相手《あいて》よりも上《うえ》に立《た》とうとすることで、弱《よわ》い自分《じぶん》のことを守《まも》っているんだ。そういう行動《こうどう》のことを「マウンティング」とよぶよ。

かれらはもしかすると、これまでの人生《じんせい》の中《なか》で、やさしさのうえでなり立《た》つゆたかな人間関係《にんげんかんけい》をけいけんしてこなかったのかもしれないね。そう思《おも》うとちょっとかわいそうな気《き》もするけど、もしマウン

いじわるをされたとき
あなたならどうする？
1 どうどうとしてスルーする
こそこそ
クスクス

ティングされたら、「ざんねんな人《ひと》だなぁ、かわいそうな人《ひと》だなぁ」と思《おも》って反応《はんのう》しないようにするのがいちばんだよ。

アクションプラン

いじわるされたら、どれだけスルーできるかチャレンジしてみよう

いじめられたらどうしたらいい？

できれば考《かんが》えたくないことだけど――もし、いじめられたら。

まずはひとりっきりのときに、起《お》きたできごとについて「つらかった、悲《かな》しかった」と声《こえ》にしてはき出《だ》してみよう。自分《じぶん》の部屋《へや》やおふろの中《なか》で、泣《な》きたかったら泣《な》いてもいい。それだけで少《すこ》しスッキリするから。「なんでこんなことになったんだろう？」「自分《じぶん》の何《なに》がいけなかったんだろう？」と考《かんが》えるのはそのあとでいいよ。

あなたのモヤモヤを聞《き》いてくれる人《ひと》は世《よ》の中《なか》にたくさんいる

もしつらいできごとに直面《ちょくめん》したら——その気《き》もちをはき出《だ》せる相手《あいて》はいますか？「こんなことがあって、悲《かな》しかったんだ」と、仲《なか》のいい友《とも》だちに言《い》うのもいいし、友《とも》だちに言《い》えないようなできごとなら勇《ゆう》気《き》を出《だ》して、お母《かあ》さんやお父《とう》さん、先生《せんせい》につたえてみましょう。スクールカウンセラーさんに言《い》うのもおすすめ。自分《じぶん》ひとりでは思《おも》いつかないような解決方法《かいけつほうほう》が見《み》つかるかも。とにかく、ひとりでかかえこまないことが大切《たいせつ》です。

アクションプラン

おふろなどひとりでいるときに、自分《じぶん》の気《き》もちを言葉《ことば》にしてはき出《だ》してみよう

そして、つらかったらだれかに相談《そうだん》しよう。あなたの気《き》もちによりそってくれる人《ひと》は、家《いえ》や学校《がっこう》の中《なか》はもちろん、外《そと》にもたくさんいるから。

友《とも》だちの悩《なや》み 17

いじめっこに何《なに》か言《い》いたいけど、自分《じぶん》がターゲットになるのがこわい

もし、いじめの現場《げんば》を見《み》たら、ひとりでかかえこまないでね。しんらいできる友《とも》だちや、お父《とう》さんお母《かあ》さん、お兄《にい》ちゃんやお姉《ねえ》ちゃんでもいいから、だれかにその話《はなし》をしてみよう。いろんな人《ひと》のちえをかりることで、解決策《かいけつさく》が見《み》つかることもある。

いじめられている子《こ》に「何《なに》か助《たす》けてあげられることあるかな？」と声《こえ》をかけるのもいいよ。いじめっこをかえるのはむずかしいけど、いじめられている子《こ》を力《ちから》づけることはすぐにでもできるから。「助《たす》け

何《なに》かぼくにできることある？
いっしょに先生《せんせい》に相談《そうだん》しに行《い》ってみようか？
今日《きょう》の給食《きゅうしょく》なんだっけ？ハムカツ楽《たの》しみだね
しくしく

てあげたいんだけど、こわいんだ」と話《はな》すだけでも、「そう思《おも》ってくれることがありがたい」と、その子《こ》の勇気《ゆうき》にかわるかもしれない。

アクションプラン

明日《あす》、
いじめられている子《こ》に
話《はな》しかけてみよう

友《とも》だちの悩《なや》み
18

友《とも》だちとしゃべっていると、笑《わら》いがとまらなくなります

「箸《はし》が転《ころ》んでもおかしい年頃《としごろ》」という言葉《ことば》があるけれど、まさに、君《きみ》たちのことかな? いっしょに笑《わら》い合《あ》える友《とも》だちがいるのは、とてもすてきなことだよ。

笑《わら》いには、たくさんのいい効果《こうか》があるんだ。笑《わら》うと、病気《びょうき》をやっつける細《さい》ぼうが活発《かっぱつ》になっててめんえき力《りょく》がアップ。ストレスやいたみもやわらいで、元《げん》気《き》な体《からだ》になるよ。それから、リラックス効果《こうか》で、集《しゅう》中力《ちゅうりょく》や記《き》おく力《りょく》も向上《こうじょう》。脳内《のうない》は「幸《しあわ》せ物質《ぶっしつ》」であふれ、幸《しあわ》せを感《かん》じやすくなるよ。

笑《わら》うと こんなにいいことあるよ！

アクションプラン

友《とも》だちと「笑《わら》いがとまらなくなったエピソード」を、
家族《かぞく》にも話《はな》してみよう

これも
アウトプット！

ほめる

友《とも》だちや家族《かぞく》の「いい行動《こうどう》」をほめてみよう

人《ひと》のことを「ほめる」のも、りっぱなアウトプットです。「この前《まえ》のサッカーの大会《たいかい》で、点《てん》を決《き》めてカッコよかった！」「テストで100点《てん》とってすごいね！」ってほめられると、うれしくなるよね。そして、うれしいだけじゃなく、「次《つぎ》はハットトリックを決《き》めよう」「れんぞくで100点《てん》とれるように、また勉強《べんきょう》しよう」と前向《まえむ》きな気《き》もちになるはず。

人《ひと》は、「いい行動《こうどう》」をほめられると、その行動《こうどう》を「またしよう」と思《おも》うもの。あなたもぜひ、「君《きみ》が意見《いけん》を言《い》ってくれたおかげで、学級会《がっきゅうかい》がまとまったね」「お母《かあ》さん、今日《きょう》もごはんおいしいよ！」などと、友《とも》だちや家族《かぞく》をほめてみましょう。あなたの「ほめ」が、みんなの「いい行動《こうどう》」につながり、やさしい世界《せかい》がつくり出《だ》されます。

2章《しょう》

学校《がっこう》の悩《なや》み

学校《がっこう》の悩《なや》み 19

どうして勉強《べんきょう》するの？

勉強《べんきょう》は、してもしなくてもいい。でも、勉強《べんきょう》でいろんな知識《ちしき》を身《み》につけることは、あなたのレベルアップにつながるよ。

たとえば、世《よ》の中《なか》には、勉強《べんきょう》をしていないとつけない仕事《しごと》もある。勉強《べんきょう》をすると、あなたの未来《みらい》のかのうせいは確実《かくじつ》にふえるんだ。

そして、勉強《べんきょう》をすることで自分《じぶん》の知《し》らない世界《せかい》を知《し》り、「自分《じぶん》とはちがう人《ひと》がいる」という知識《ちしき》を身《み》につけると、自分以外《じぶんいがい》の他《ほか》の人《ひと》にもやさしくなれる

はず。
教科書《きょうかしょ》の勉強《べんきょう》だけでなく、学校《がっこう》の中《なか》でも外《そと》でも、
いろんなけいけんをつんでいこう。世《よ》の中《なか》がどう
なっているのかを知《し》るのって、楽《たの》しいよ。

アクションプラン

**将来《しょうらい》なりたい仕事《しごと》に
ひつような知識《ちしき》について
調《しら》べてみよう**

学校《がっこう》の悩《なや》み

20

勉《べん》強《きょう》がなかなか始《はじ》められません

「なかなかやる気《き》が出《で》ない」……そんなときは、やる気《き》が出《で》るのを待《ま》つのではなく、とにかくつくえに向《む》かっちゃおう。

とりあえず5分《ふん》がまんしてつくえに向《む》かうと、勉《べん》強《きょう》する神経《しんけい》が動《うご》き始《はじ》めて、だんだんやる気《き》がわいてくるんだ。これは、「作業興奮《さぎょうこうふん》」とよばれる脳《のう》のしくみのおかげ。集中力《しゅうちゅうりょく》がとぎすまされてきたら、あとはやるだけだよね。

どうしてもつくえに向《む》かう気《き》にならないときは、

つくえに向《む》かうだけが
勉強《べんきょう》じゃないよ

ねっ転《ころ》がって歴史《れきし》マンガや地図《ちず》をながめるだけでもいいよ。教科書《きょうかしょ》を開《ひら》くだけが勉強《べんきょう》じゃないからね。なんとなくながめるうちにえられたちょっとした知《ち》識《しき》が、いつか役《やく》に立《た》つこともあるよ。

5分《ふん》たつとエンジン全開《ぜんかい》!?「作業興奮《さぎょうこうふん》」のしくみ

みんなが考《かんが》える「やる気《き》が出《で》てから勉《べん》強《きょう》を始《はじ》めよう」というのは、じつはまちがっているんです。やる気《き》を出《だ》すには、とにかくまず始《はじ》めることが大事《だいじ》。つくえに向《む》かうと、脳《のう》の中《なか》にある勉強《べんきょう》するための神経《しんけい》が少《すこ》しずつ動《うご》き始《はじ》めて、5分《ふん》もたてばエンジン全開《ぜんかい》!　やる気《き》が「出《で》るのを待《ま》つ」のではなく、「出《で》る方法《ほうほう》を知《し》る」ことで味方《みかた》につけましょう。

アクションプラン

つくえに向《む》かう勉強《べんきょう》の助走《じょそう》になるようなアイテム（偉人《いじん》マンガや地図《ちず》など）を用意《ようい》しよう

学校《がっこう》の悩《なや》み

21

学校《がっこう》に行《い》きたくない日《ひ》がある！

お母《かあ》さんやお父《とう》さんは「行《い》きなさい」、先生《せんせい》は「来《き》なさい」と言《い》うだろうけど……「学校《がっこう》に行《い》きたくない」というあなたの気《き》もちを否定《ひてい》するひつようはないよ。学校《がっこう》に行《い》っても行《い》かなくても、あなたのかちはかわらないから。

ところで、行《い》きたくないのはなんでなのかな？朝起《あさお》きられないなら、すいみんが足《た》りていないのかもしれない。早《はや》くねれば、スッキリした気《き》もちで学校《がっこう》へ行《い》けるようになるかもよ。友《とも》だちのことで悩《なや》ん

くつずれしたら
新《あたら》しいくつをはくように……
イテッ
NEW！

学校《がっこう》が合《あ》わなかったら
他《ほか》の学《まな》び方《かた》を考《かんが》える
という方法《ほうほう》もあるよ！
転校《てんこう》
……

「学校《がっこう》に行《い》きたくない理由《りゆう》」を考《かんが》えてみよう

朝《あさ》、起《お》きて「はぁ、今日《きょう》は学校《がっこう》に行《い》くのいやだなぁ……」という気《き》もちになるとき。なんでいやだと思《おも》うのか、自分《じぶん》の心《こころ》と向《む》き合《あ》ってみましょう。

たとえば「夜《よる》おそくまでゲームをやりすぎてねむい」のが理由《りゆう》なら、今日《きょう》の夜《よる》早《はや》くねれば、明日《あす》は行《い》く気《き》になるかも。

「クラスメイトにいじられるのがいや」「仲間《なかま》はずれにされている」といった友《とも》だち関係《かんけい》の悩《なや》みをかかえているなら、だれかに相談《そうだん》してみましょう。

12
3
6
9
Z
z
z

アクションプラン

「学校《がっこう》に行《い》きたくない理由《りゆう》」を紙《かみ》に書《か》き出《だ》してみよう

でいるなら、スクールカウンセラーに相談《そうだん》してみるのはどうかな。

こんなふうに、まずは「行《い》きたくない」理由《りゆう》をとりのぞいてみるのも、いいかもしれない。

オンラインスクール
フリースクール

学校《がっこう》の悩《なや》み

22 授業《じゅぎょう》の内容《ないよう》が頭《あたま》に入《はい》ってきません

声《こえ》に出《だ》す、ペンでメモする、アンダーラインを引《ひ》く――話《はな》したり、書《か》いたり、何《なに》か行動《こうどう》することを「アウトプット」って言《い》うよ。

アウトプットをしながら勉強《べんきょう》すると、ただ先生《せんせい》の話《はなし》を聞《き》いたり、本《ほん》をもく読《どく》するのにくらべて、何倍《なんばい》もの効果《こうか》があるんだ。

だから、教科書《きょうかしょ》やノート、本《ほん》にはどんどん書《か》きこみをしていこう。書《か》きこめば書《か》きこむほど、記《き》おくとして脳《のう》の中《なか》に定着《ていちゃく》するよ。とくに、教科書《きょうかしょ》やノー

トは自分《じぶん》だけのもの。きれいにとっておくひつようはまったくないから、どんどんよごしていっていいよ。

アクションプラン

書《か》きこみのルールを決《き》めてみよう

大事《だいじ》なところ
気《き》になったところ
この文章《ぶんしょう》が言《い》いたいところ
おぼえなきゃいけないところ
色《いろ》ペンやマーカーが禁止《きんし》の場合《ばあい》は記号《きごう》などで工夫《くふう》すると楽《たの》しいよ!

学校《がっこう》の悩《なや》み
23

勉《べん》強《きょう》ができないのはだめなこと？

「どうして勉強《べんきょう》するの？」のページでもつたえたとおり、勉強《べんきょう》は、できないよりはできたほうが、あなたのかのうせいもグンと広《ひろ》がるよ。

もし、今《いま》「勉強《べんきょう》ができない」と感《かん》じているなら、あなたにとってむずかしすぎる課題《かだい》にとりくんでいるのかも。自分《じぶん》に合《あ》ったレベルにもどって、「できる！」という自信《じしん》をつみ重《かさ》ねると、勉強《べんきょう》がどんどん楽《たの》しくなってくると思《おも》うよ。

そして、できれば、読《よ》む・見《み》る・聞《き》くの「イン

インプット型《がた》の勉強《べんきょう》

・教科書《きょうかしょ》を読《よ》む
・動画《どうが》を見《み》る
・授業《じゅぎょう》を聞《き》く

アウトプット型《がた》の勉強《べんきょう》

・教《おそ》わったことをだれかに話《はな》す
・問題《もんだい》をとく
・感想《かんそう》を書《か》く
・大事《だいじ》なポイントをまとめてプレゼンする

自分《じぶん》のレベルに合《あ》った課題《かだい》にとりくもう

勉強《べんきょう》ができるようになるコツは、「ちょっとがんばったらできる」レベルの課題《かだい》にチャレンジして、「できる」という自信《じしん》をつみ重《かさ》ねていくこと。人《ひと》とくらべるのではなく、「1年前《ねんまえ》のあなた」「きのうのあなた」とくらべてレベルアップしていこう。

アクションプラン

テストでまちがえた問題《もんだい》を、もう一度《いちど》といてみよう

プット型《がた》」勉強《べんきょう》だけでなく、行動《こうどう》をともなう「アウトプット型《がた》」の勉強《べんきょう》にもチャレンジしてみよう。

学校《がっこう》の悩《なや》み

24

本《ほん》を読《よ》まないといけませんか？

「AI《エーアイ》の登場《とうじょう》で社会《しゃかい》はかわった」なんて言《い》うけど、これからの時代《じだい》も、社会《しゃかい》に出《で》ればかならず「読解力《どっかいりょく》」がもとめられる。なぜなら、仕事《しごと》の指示《しじ》も、メールも、きかく書《しょ》も全部《ぜんぶ》言葉《ことば》でできていて、それを正《ただ》しく読《よ》みとれなければいい仕事《しごと》はできないんだ。

そして、この読解力《どっかいりょく》を身《み》につけるのにいちばんいいのが、なんと言《い》っても読書《どくしょ》。マンガでも小説《しょうせつ》でもいいから、あなたが「読《よ》みたい」と思《おも》える本《ほん》に出《で》会《あ》って、読書《どくしょ》の喜《よろこ》びを知《し》ってほしいな。

読解力《どっかいりょく》があると、いいことがいっぱい！

① 算数《さんすう》の文章題《ぶんしょうだい》がかんたんにとける

② 人《ひと》の気《き》もちがわかるようになる

③ わかりやすいプレゼンができるようになる

④ あやしい話《はなし》に引《ひ》っかからなくなる

アクションプラン

図書館《としょかん》で
おもしろそうな本《ほん》を
3さつかりてみよう

学校《がっこう》の悩《なや》み
25

読書感想文《どくしょかんそうぶん》がうまく書《か》けません

読書感想文《どくしょかんそうぶん》が書《か》けないのは、「書《か》き方《かた》」を知《し》らないからだと思《おも》うよ。左《ひだり》のページで、読書感想文《どくしょかんそうぶん》を書《か》くためのテクニックをしょうかいしているので、ぜひ参考《さんこう》にしてね。

それでもむずかしいという低学年《ていがくねん》の子《こ》は、お母《かあ》さんやお父《とう》さんに「そのとき、主人公《しゅじんこう》はどんな気《き》もちだったかな?」などとインタビューしてもらうのもいいかもね。「それを読《よ》んで今《いま》、どう思《おも》った!?」というリアルタイムの気《き》もちをふくらませていこう。

読書感想文《どくしょかんそうぶん》はいつの時代《じだい》も
夏休《なつやす》みの小学生《しょうがくせい》の前《まえ》に
立《た》ちはだかってきたよ

読書感想文《どくしょかんそうぶん》を書《か》くための3つのテクニック

● 全体《ぜんたい》のほね組《ぐ》みを考《かんが》える

つくえに向《む》かって、原《げん》こう用紙《ようし》にいきなり書《か》こうとしても、うまい文《ぶん》は書《か》けません。まずは、これから書《か》こうとしている感想文《かんそうぶん》で自分《じぶん》は何《なに》がつたえたいのか、全体《ぜんたい》のほね組《ぐ》み（こうせい）を考《かんが》えることが大切《たいせつ》です。

● いちばん心《こころ》にのこった言葉《ことば》について考《かんが》える

本《ほん》の中《なか》で、いちばん心《こころ》にのこった言葉《ことば》をピックアップしてみましょう。「なんでこのセリフに感動《かんどう》したのかな？」「同《おな》じような悩《なや》みをかかえているから？」と、考《かんが》えれば考《かんが》えるほど、理解《りかい》が深《ふか》まっていきます。

●「ビフォー／アフター」形式《けいしき》を使《つか》う

読書感想文《どくしょかんそうぶん》を書《か》くのにおすすめの形式《けいしき》が、「ビフォー（前《まえ》）／アフター（後《あと》）」形式《けいしき》。「私《わたし》は○○に悩《なや》んでいました（前《まえ》）。でも、この本《ほん》を読《よ》んで△△に気《き》づいたので、今後《こんご》は□□をやっていこうと思《おも》います（後《あと》）」。自分《じぶん》のこれまでのけいけんや思《おも》い出《で》とむすびつけるのがポイント。こせい的《てき》でいんしょう深《ぶか》い感想文《かんそうぶん》を書《か》くことができます。

アクションプラン

**最近《さいきん》読《よ》んで
おもしろかった本《ほん》の感想《かんそう》を
友《とも》だちに話《はな》してみよう**

学校《がっこう》の悩《なや》み

26

自己《じこ》しょうかいが苦手《にがて》です

みんな、「何《なに》を言《い》ったらいいんだろう」と悩《なや》んでいるかもしれないけど、じつは、自己しょうかいは「話《はな》す内容《ないよう》」よりも、「話《はな》し方《かた》」が大事《だいじ》なんだ。みんなの目《め》を見《み》て、明《あか》るく、元気《げんき》よく話《はな》す。それだけで、クラスのみんなはあなたにいいいんしょうをもってくれるよ。

自分《じぶん》のことをもっと強《つよ》くいんしょうづけたいなら、「数字《すうじ》」を入《い》れるのがおすすめ。みんなの記《き》おくにのこり、あなたのキャラがつたわりやすくなるよ。

すぶり1日《にち》100回《かい》しています!
図書館《としょかん》の本《ほん》300さつ読《よ》みました!
3さいからピアノをやってます

話《はな》す「内容《ないよう》」だけじゃなく、「話《はな》し方《かた》」にも気《き》をつけよう

- 前《まえ》を見《み》る
- 相手《あいて》の目《め》を見《み》る
- 笑顔《えがお》
- 大《おお》きな声《こえ》
- はっきりと

このポイントに気《き》をつけると、あなたのよさがつたわるよ

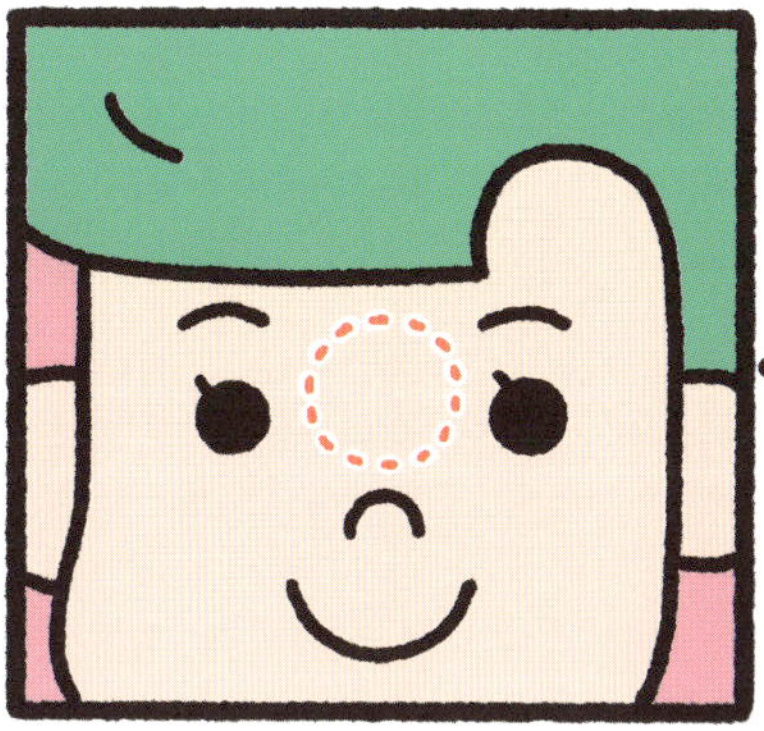

目《め》を見《み》るときんちょうする場《ば》合《あい》は、相手《あいて》のまゆとまゆの間《あいだ》や、目《め》と目《め》の間《あいだ》を見《み》るといいよ

アクションプラン

「理想《りそう》の自己《じこ》しょうかい」を考《かんが》えて、台本《だいほん》にしてみよう

学校《がっこう》の悩《なや》み

27

いいアイデアが思《おも》いつくようになりたい

図工《ずこう》の作品《さくひん》のイメージ、クラスの標語《ひょうご》、学期末《がっきまつ》のお楽《たの》しみ会《かい》のきかく……いいアイデアを思《おも》いつきたいのに、なかなかひらめかないことってあるよね。いいアイデアは「思《おも》いつこう」と思《おも》って考《かんが》えても、なかなか出《で》てこないものなんだ。

じつは、いいアイデアがもっともよく出《で》るのは、「ぼーっとしているとき」って言《い》われている。リラックスしているときは脳《のう》の中《なか》のはたらきが活発《かっぱつ》になって、ふだんは思《おも》いつかないようなアイデアが生《う》まれ

アイデアは
ぼーっとしている
ときにこそ生《う》まれる

やすいんだ。

みんなをあっと言《い》わせるようなアイデアを思《おも》いつきたいなら、つくえの上《うえ》で考《かんが》えるのをやめて、おふろ場《ば》へ急《いそ》げ！

アクションプラン

おふろに入《はい》って
ぼーっとしてみよう

音読《おんどく》ってなんでするの？

国語《こくご》の教科書《きょうかしょ》の「音読《おんどく》」の宿題《しゅくだい》は出《で》ているかな？同《おな》じ物語《ものがたり》を毎日《まいにち》、何回《なんかい》も読《よ》まされると「これって意《い》味《み》あるのかな？」と疑問《ぎもん》にも思《おも》うよね。

精神医学《せいしんいがく》の見方《みかた》で言《い》うと、音読《おんどく》の意味《いみ》は大《おお》いにあるよ。声《こえ》に出《だ》して教科書《きょうかしょ》を読《よ》むのは、「アウトプット型《がた》」の代表的《だいひょうてき》な勉強法《べんきょうほう》のひとつ。脳《のう》のいろんな場《ば》所《しょ》が元気《げんき》になって、目《め》だけで文字《もじ》を追《お》うよりも、内《ない》容《よう》が頭《あたま》に定着《ていちゃく》しやすくなるんだ。

これから英単語《えいたんご》をおぼえたり、受験勉強《じゅけんべんきょう》で歴史《れきし》の

大造《だいぞう》じいさんはおとりのガンを……
こくご

年号《ねんごう》や数学《すうがく》の公式《こうしき》を暗記《あんき》したりするのにも役立《やくだ》つから、音読《おんどく》の習慣《しゅうかん》は身《み》につけておいてそんはないよ。

アクションプラン

教科書《きょうかしょ》以外《いがい》の、好《す》きな本《ほん》を声《こえ》に出《だ》して読《よ》んでみよう

音読《おんどく》カード
音読《おんどく》を習慣《しゅうかん》づけてみよう！

学校《がっこう》の悩《なや》み
29

美術《びじゅつ》とか音楽《おんがく》って勉強《べんきょう》する意味《いみ》あるの？大人《おとな》になったら使《つか》う？

　今《いま》、あなたたちが受《う》けている義務教育《ぎむきょういく》は、「はば広《ひろ》く学《まな》ぶ」ところに意味《いみ》があるんだ。

　たとえば、音楽《おんがく》の授業《じゅぎょう》でコンガやウッドブロックにふれたり、図工《ずこう》の時間《じかん》に版画《はんが》をつくったりするよね。授業《じゅぎょう》がなければこんなけいけんはできないし、ふだんの生活《せいかつ》では出会《であ》わないようなことにきょうみをもつきっかけにもなる。

　そして、そのきょうみの「たね」は、あなたの生《せい》活《かつ》や将来《しょうらい》をゆたかなものにしてくれるかのうせいを

美術《びじゅつ》や音楽《おんがく》にふれていると、たくさんいいことがあるよ
この曲《きょく》はバッハの……
海外旅行《かいがいりょこう》がより楽《たの》しめる
これがあの絵《え》か……!!
知識《ちしき》があるとそんけいされる

ひめているんだ。だから、「意味《いみ》」なんて考《かんが》えずに、心《こころ》が動《うご》かされるようなけいけんをたくさんしてほしいな。

アクションプラン

きょうみのある美術館《びじゅつかん》に行《い》ってみよう

アートは一流社会人《いちりゅうしゃかいじん》のたしなみと言《い》われている

視覚的《しかくてき》な表現力《ひょうげんりょく》が身《み》につく

これも
アウトプット！

つづける

「今日《きょう》やるべきこと」を、楽《たの》しみながらつづけよう

アウトプットの力《ちから》を最大《さいだい》に生《い》かしたいなら、アウトプットを「つづける」ことが大切《たいせつ》です。

つづけるにはコツがあります。まずは、大《おお》きな目標《もくひょう》を細《こま》かくわけて、「今日《きょう》やるべきこと」に集中《しゅうちゅう》しましょう。人《ひと》は、それがどんなに小《ちい》さくても、「やるべきこと」が実現《じつげん》できると、うれしい気《き》もちになるもの。その気《き》もちが「明日《あす》もがんばろう」というやる気《き》につながり、つづける力《ちから》になるのです。

目標《もくひょう》をたっせいしたときには、自分《じぶん》にちょっとしたごほうびをあげるのもいいですね。好《す》きなおかしを食《た》べたり、カプセルトイを1つ買《か》ったり。ごほうびが待《ま》っていると思《おも》うと、やる気《き》も出《で》てくるはず。そして、楽《たの》しみながらやるのが、つづけるための何《なに》よりのひけつです。

3章《しょう》

家《か》族《ぞく》の悩《なや》み

お母《かあ》さんのきげんが悪《わる》いときはどうしたらいい？

お母《かあ》さんのきげんが悪《わる》くて、どうしたらいいかわからないときは、それをそのままお母《かあ》さんにつたえてみたらいいよ。

そもそも、お母《かあ》さんのきげんが悪《わる》いのは、かならずしもあなたのせいじゃない。大人《おとな》には、考《かんが》えなきゃいけないことがたくさんあるからね。仕事《しごと》でトラブルが起《お》こっているのかもしれないし、きのうの夜《よる》、あなたがねている間《あいだ》にお父《とう》さんとケンカしちゃったのかもしれない。

だから、あなたがビクビクするひつようはないんだ。「お母《かあ》さんのきげんが悪《わる》いとこまるな、悲《かな》しいな」ってつたえたら、あとはそーっとしておこう。

「私《わたし》は……」で気《き》もちをつたえる「I（アイ）メッセージ」

お母《かあ》さんだってひとりの人間《にんげん》です。きげんが悪《わる》いときだってあるでしょう。そんなときは、「なんでニコニコしてくれないの!?」とお母《かあ》さんをかえようとするのではなく、「私《わたし》は、お母《かあ》さんのきげんが悪《わる》いと悲《かな》しいな」という“自分《じぶん》の気《き》もち”をつたえましょう。

このつたえ方《かた》は「I（アイ）メッセージ」といって、自分《じぶん》の気《き》もちをすなおに話《はな》すことで、相手《あいて》の行動《こうどう》がかわります。友《とも》だち関係《かんけい》にも使《つか》えるコミュニケーション方法《ほうほう》なので、おぼえておいてくださいね。

私《わたし》は悲《かな》しいよ

アクションプラン

お母《かあ》さんのきげんが悪《わる》いときに自分《じぶん》はどう感《かん》じるか、紙《かみ》に書《か》き出《だ》してみよう

あのドラマのつづきが早《はや》く見《み》たい
つづく
毎日《まいにち》仕事《しごと》に追《お》われていてストレス

家族《かぞく》の悩《なや》み

31

ゲームの時間《じかん》をのばしたいときは？

「1日《にち》1時間《じかん》」「夜《よる》の9時《じ》まで」のように、ゲームのルールが決《き》まっているおうちは多《おお》いよね。決《き》めた時間内《じかんない》で最大限《さいだいげん》に楽《たの》しむのが、ゲームと長《なが》くつき合《あ》うコツだよ。

どうしても時間《じかん》をのばしてほしいときは、「あとちょっと」ではなく、「この面《めん》だけどうしてもクリアしたいんだ……！」のように言《い》うと、OK《オーケー》が出《で》る場合《ばあい》もあるかも。

あとは、宿題《しゅくだい》や明日《あす》のじゅんびをカンペキに終《お》わ

らせる、お手伝《てつだ》いもしっかりするなど、ツッコまれポイントをなるべくなくしておこう。

ゲーム好《ず》きなら知《し》っておきたい「いぞん」と「しせい」の話《はなし》

ゲームは、とっても頭《あたま》のいい大人《おとな》たちが、みんなをハマらせようと必死《ひっし》につくっています。えんえんとやってしまうのは、まんまとワナにハマっているだけと言《い》えるかも。もし、ゲームが好《す》きで好《す》きでしかたないなら、ハマるがわではなく、つくるがわになるのはどうでしょう。ゲームをつくるのにひつような知識《ちしき》を学《まな》ぶべく、勉強《べんきょう》もしないとね。そして、ゲームに集中《しゅうちゅう》していると、ずっと同《おな》じしせいになりがちですが、これは体《からだ》によくありません。1時間《じかん》に1回《かい》はストレッチをして、体《からだ》をのばしましょう。

アクションプラン

ゲームをする前《まえ》に、
宿題《しゅくだい》を終《お》わらせよう

なんで親《おや》はスマホをずっと見《み》てるのに、こどもにはだめって言《い》うの？

疑問《ぎもん》に思《おも》うなら、「私《わたし》にはだめって言《い》うのに、なんで自分《じぶん》はずっと見《み》てるの？」って聞《き》いてみるといいよ。

じつは、大人《おとな》はスマホでたくさんのことをこなしている。仕事《しごと》のメールや調《しら》べもの、情報収集《じょうほうしゅうしゅう》、予約《よやく》。学校《がっこう》からのれんらくだってスマホにやってくる。だから、「大人《おとな》ばっかりずるい！」って思《おも》わないでほしいな。

そして、あなたたちに「だめ」って言《い》うのには理《り》

学校《がっこう》からのれんらくを確認《かくにん》する
学級閉鎖のおしらせ
明日《あした》の天気《てんき》を調《しら》べる
30 15
25 10
28 12
週末《しゅうまつ》の用事《ようじ》の行《い》き方《かた》を調《しら》べる
のりかえ案内
○○線 17分
△△線 5分
仕事《しごと》のメールに返信《へんしん》する
to ~~
○○さま
お世話になって
え〜っと
またスマホ見《み》てる〜

由《ゆう》がある。脳《のう》が発達《はったつ》しきった大人《おとな》とちがって、脳《のう》が発達《はったつ》している最中《さいちゅう》のこどもがスマホを見《み》つづけるのはよくないんだ。べんりな道具《どうぐ》だからこそ、うまくつき合《あ》っていこうね。

とってもこわい「スマホいぞんしょう」の話《はなし》

スマホをやりつづけると、つねにスマホを見《み》ずにはいられない「いぞんしょう」とよばれるじょうたいになります。勉強《べんきょう》したり、友《とも》だちと遊《あそ》んだりする時間《じかん》がへるだけでなく、心《こころ》と体《からだ》の調子《ちょうし》もくるってしまいます。すいみん時間《じかん》も短《みじか》くなり、授業中《じゅぎょうちゅう》にねむくなったり、集中力《しゅうちゅうりょく》がキープできなくなったりすることで、せいせきが下《さ》がってしまうかも。大人《おとな》がこどものスマホ利用《りよう》をせいげんするのには、このような理由《りゆう》があるのです。

アクションプラン

「スマホで何《なに》を見《み》てるの？」とお母《かあ》さんやお父《とう》さんに聞《き》いてみよう

家族《かぞく》の悩《なや》み 33

うちの親《おや》、へんな気《き》がします

あたりまえに思《おも》っていた「うちのふつう」が、「あれ？　友《とも》だちのおうちではそうじゃないんだ……？」と疑問《ぎもん》に感《かん》じること、あるよね。

学校《がっこう》にいろんな子《こ》がいるように、お母《かあ》さんやお父《とう》さん、そして、家族《かぞく》の形《かたち》にもいろんなしゅるいがあるんだ。夜《よる》ごはんは出前《でまえ》が多《おお》い、お父《とう》さんが仕事《しごと》を休《やす》んでばかり、ペットは絶対《ぜったい》にかわせてくれない……こうした「ふつうじゃない」と思《おも》うポイントをこどもの力《ちから》でかえるのは、とってもむずかしいこと。

「どうにかしたい」と考《かんが》えるよりも、「これがうちなんだ」とあるがままに受《う》け入《い》れたほうが、ラクになると思《おも》うよ。

アクションプラン

家《か》族《ぞく》をテーマにした本《ほん》や映《えい》画《が》にふれてみよう

家族《かぞく》の悩《なや》み 34

大人《おとな》がお酒《さけ》を飲《の》んだり、タバコをすったりするのがいやです

大人《おとな》がタバコをすったり、お酒《さけ》を飲《の》んだりするすがたを見《み》て、「大人《おとな》になったら私《わたし》も」と思《おも》う子《こ》もいれば、「いやだ」という子《こ》もいるよね。よっぱらって大声《おおごえ》で話《はな》す大人同士《おとなどうし》のすがたは、こどもにとってはこわさを感《かん》じることすらあるもの。

もし「いやだ」と思《おも》うなら、がまんせずにその気《き》もちをお父《とう》さんやお母《かあ》さんにつたえてみてもいいよ。その結果《けっか》、何《なに》もかわらないかもしれないし、もしかするとタバコの本数《ほんすう》やお酒《さけ》のりょうがへるかも

しれない。「あまりすい（飲《の》み）すぎると、お父《とう》さんやお母《かあ》さんの体《からだ》が心配《しんぱい》」というアプローチもいいかもね。

アクションプラン

「なんでそんなにお酒《さけ》飲《の》むの？」「なんでタバコすうの？」と大人《おとな》に聞《き》いてみよう

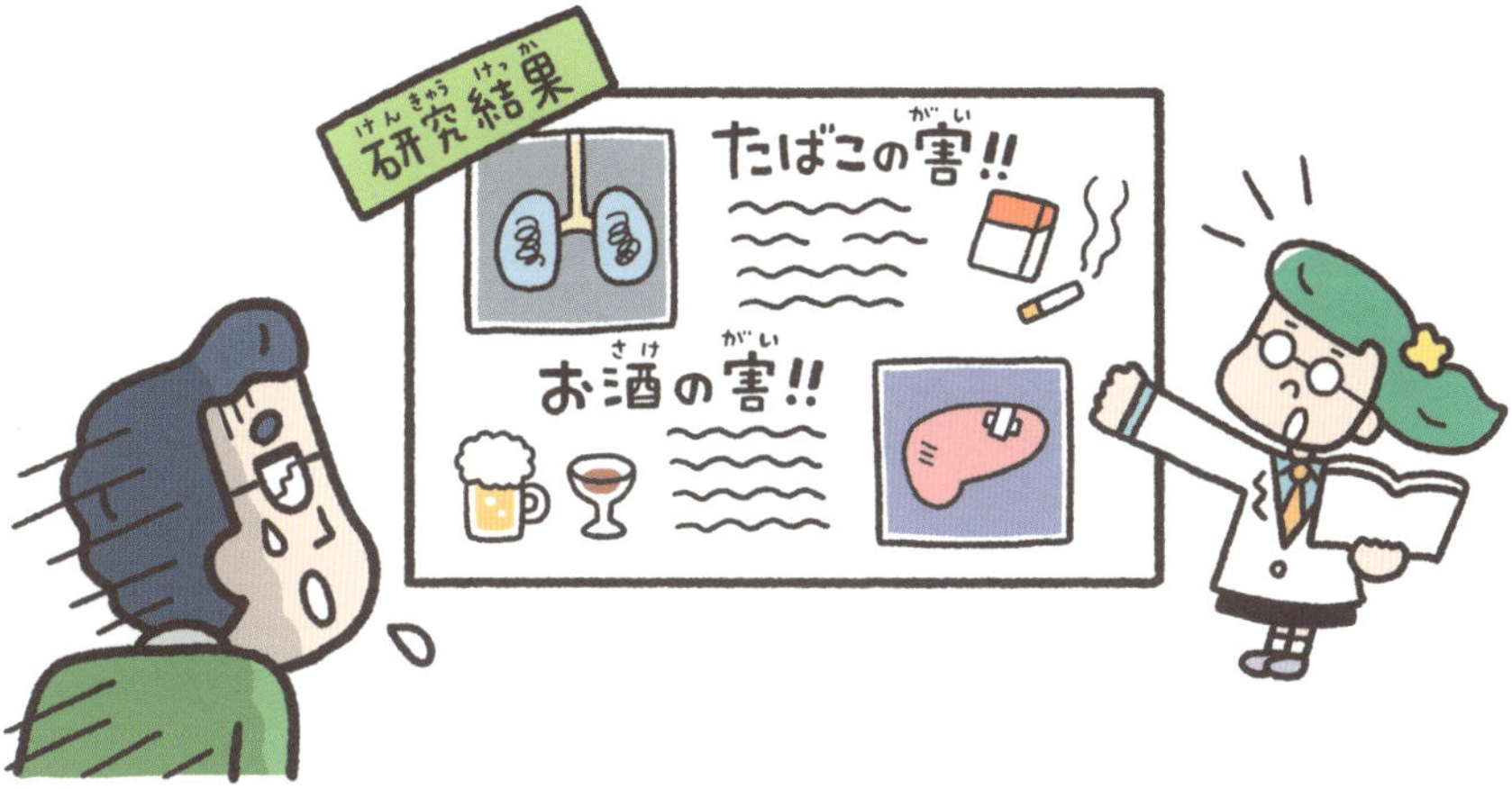

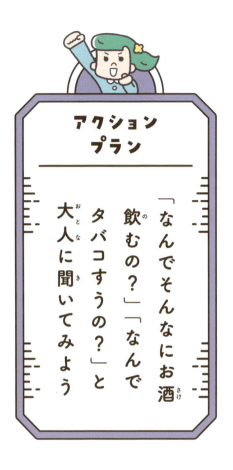

お母《かあ》さんってなんでおしゃべりなの？

お母《かあ》さんだけにひみつを打《う》ち明《あ》けたつもりが、あっという間《ま》に○○ちゃんのママに話《はな》しちゃって、○○ちゃんにもつたわって……なんてとき。きっと、お母《かあ》さんに悪気《わるぎ》はなかったと思《おも》う。

お母《かあ》さんはあなたのことが好《す》きだから、あなたのことが気《き》になってしかたないんだ。あなたの悩《なや》みが解決《かいけつ》するなら、なんでもやろうと思《おも》っている。お友《とも》だちのママに話《はな》しちゃうのも、そのひとつだと思《おも》うよ。

そして、そんなお母《かあ》さんをうっとうしく感《かん》じて「もう話《はな》さないでおこう」と思《おも》うのは、あなたが成《せい》長《ちょう》しているしょうこ。すべてをかくすひつようはないけど、自分《じぶん》だけのひみつをもつのも悪《わる》くないよ。

アクションプラン

お母《かあ》さんに
ひみつにしたいことは
何《なに》か考《かんが》えてみよう

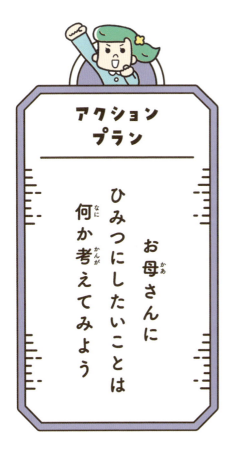

お父《とう》さんがだんだんうざくなってきた。どうしたらいい？

ちょっと前《まえ》まではおふろにもいっしょに入《はい》っていたお父《とう》さんを、最近《さいきん》、うざく感《かん》じるようになってきた……これは女《おんな》の子《こ》にとって正《ただ》しい成長《せいちょう》だから、心《しん》配《ぱい》しないでね。

小学校高学年《しょうがっこうこうがくねん》から中学生《ちゅうがくせい》ぐらいになると、女《おんな》の子《こ》は「生理《せいり》」が始《はじ》まる。これは、大人《おとな》の女性《じょせい》になるじゅんびの始《はじ》まりだよ。他《ほか》にも、体《からだ》や心《こころ》にいろんな変化《へんか》が出《で》てくる。そんなとき、異性《いせい》であるお父《とう》さんを「うざい」と感《かん》じるのは、生《い》き物《もの》としてしかたが

ないことなんだ。

そして、その気《き》もちはきっと一時的《いちじてき》なものだから、今《いま》はうまくきょりをとりながらつき合《あ》っていこう。いっしょに楽《たの》しめるしゅみがあるといいかもね。

大人《おとな》の入口《いりぐち》「思春期《ししゅんき》」って何《なに》？

思春期《ししゅんき》とは、こどもから大人《おとな》に成長《せいちょう》する時期《じき》のこと。小学《しょうがく》5～6年生《ねんせい》ごろから始《はじ》まって、心《こころ》にも体《からだ》にもいろいろな変化《へんか》が起《お》きます。大人《おとな》っぽい態度《たいど》をとりたいいっぽうで、こどものままでいたい気《き》もちもあって、思春期《ししゅんき》の心《こころ》は大《おお》きくゆれ動《うご》きます。これは、成長《せいちょう》するうえでかかせない大切《たいせつ》なステップなんです。

アクションプラン

「思春期《ししゅんき》」について調《しら》べてみよう

家族《かぞく》の悩《なや》み

37

大人《おとな》はえらいから、親《おや》の言《い》うとおりにしてればまちがいないの？

大人《おとな》のほうがえらいわけじゃないけど、こどもより長《なが》く人生《じんせい》けいけんをつんできたことはたしか。「年《とし》の功《こう》」という言葉《ことば》もあるとおり、長《なが》く生《い》きて、いろんなことを見聞《みき》きしてきた分《ぶん》、こどもよりも正《ただ》しくはんだんするかのうせいは高《たか》いと言《い》えるだろうね。

でも、あくまでも「かのうせいが高《たか》い」だけで、大人《おとな》の意見《いけん》がかならずしも正解《せいかい》ではないよ。もし、「ちがう」と思《おも》ったなら、自分《じぶん》の意見《いけん》をぜひつたえ

てみよう。あなたの意見《いけん》が正《ただ》しいか、まちがっているかはわからないけど、こどものがわから「こういう考《かんが》えがある、こうしたい」とつたえることは、あなたにとっても、大人《おとな》にとっても、多《おお》くの学《まな》びがあると思《おも》うよ。

アクションプラン

新聞《しんぶん》や本《ほん》を読《よ》んで、いろんな大人《おとな》の考《かんが》え方《かた》を知《し》ろう

家族《かぞく》の悩《なや》み

38

親《おや》にくっつくと安心《あんしん》するのはどうして？

はだとはだをくっつけ合《あ》うと、「オキシトシン」というホルモンが出《で》るんだ。なんだか安心《あんしん》するのは、このあいじょうホルモンのおかげ。オキシトシンが出《で》るのはあなただけじゃなくて、お母《かあ》さん、お父《とう》さんも、あなたとくっつくと安心《あんしん》するんだよ。

もうおぼえていない赤《あか》ちゃんのころから、きっと、お母《かあ》さんやお父《とう》さんにたくさんだっこしてもらってきたよね。スキンシップは、親子《おやこ》のいい関係《かんけい》を育《はぐく》むのにかかせないもの。足《た》りていないと成長《せいちょう》に

えいきょうが出《で》ることもあるから、大《おお》きくなった今《いま》もどんどんくっついていこう。

アクションプラン

お母《かあ》さんかお父《とう》さんに
あきるまで
だっこしてもらおう

家族《かぞく》の悩《なや》み
39

なんで親《おや》って弟《おとうと》・妹《いもうと》にやさしいの？

動物《どうぶつ》の中《なか》でも、人間《にんげん》はとくに不完全《ふかんぜん》なじょうたいで生《う》まれてくる。自立《じりつ》していない小《ちい》さな生《い》き物《もの》を守《まも》ろうとするのは動物《どうぶつ》の本能《ほんのう》だから、手《て》のかかる下《した》の子《こ》にお母《かあ》さんの目《め》が向《む》くのはしかたがないことなんだ。けっして、「あなたがかわいくないから」ではないから、安心《あんしん》してね。

だからといって、いつもお兄《にい》ちゃん、お姉《ねえ》ちゃんががまんしなきゃいけないということではないよ。

「さみしい、悲《かな》しい」というあなたの気《き》もちも大切《たいせつ》

だから、「私《わたし》にもやさしくしてほしいな」とすなおにつたえてみたらどうかな。

人間《にんげん》は“不完全《ふかんぜん》”なじょうたいで生《う》まれてくる

人間《にんげん》の赤《あか》ちゃんは、何《なに》もできないじょうたいで生《う》まれてきます。馬《うま》は生《う》まれたその日《ひ》に、犬《いぬ》は生後《せいご》2～3週間後《しゅうかんご》には歩《ある》けるのに対《たい》し、人間《にんげん》の赤《あか》ちゃんは歩《ある》き出《だ》すまでにだいたい1年《ねん》ぐらいかかります。歩《ある》けるようになってからも、ひとりでなんでもできるようになるのはまだ何年《なんねん》も先《さき》のこと。そんな“不完全《ふかんぜん》”なじょうたいの小《ちい》さな子《こ》に親《おや》の目《め》が向《む》くのは当然《とうぜん》のこと。反対《はんたい》に言《い》えば、あなたもそうやって手《て》をかけてもらって、ここまで大《おお》きくなってきたのです。

自分《じぶん》じゃ何《なに》もできないんだ
オギャ〜〜

アクションプラン

自分《じぶん》が小《ちい》さいころの写真《しゃしん》を見《み》てみよう

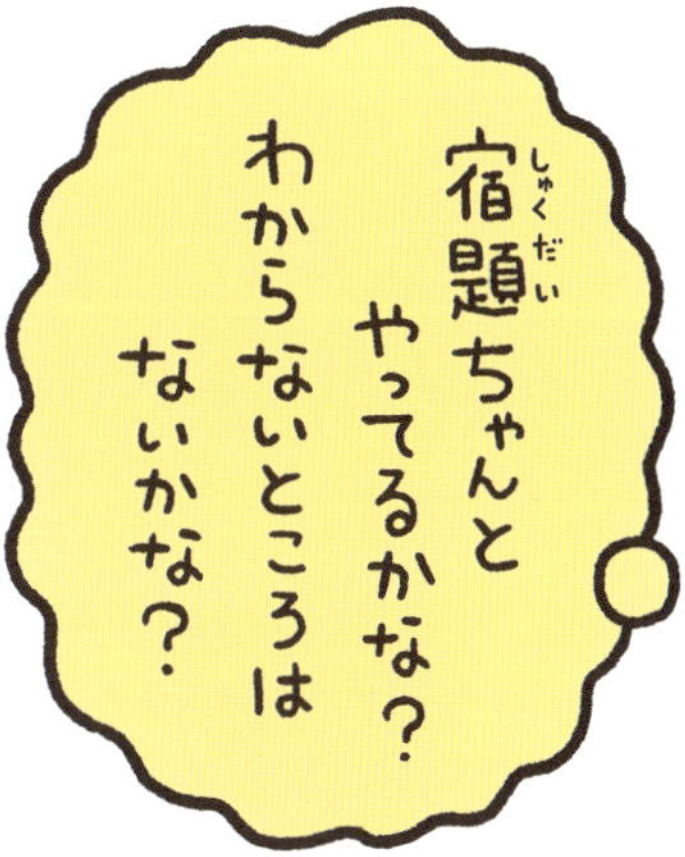
宿題《しゅくだい》ちゃんとやってるかな？
わからないところはないかな？

弟《おとうと》・妹《いもうと》が最初《さいしょ》にやったのになんでおこられるのはぼくなの？

お兄《にい》ちゃん、お姉《ねえ》ちゃんと話《はなし》をしたほうがラクだから、つい先《さき》にあなたをしかってしまうのかもね。なっとくがいかないときは、何《なに》が起《お》こったのかを、あなたの言葉《ことば》できちんと説明《せつめい》してみよう。「あっちが悪《わる》いんだ！」「なんでぼくだけ!?」などとこうふんしないで、おちついて話《はな》すのがいいよ。いきさつがわかれば、お母《かあ》さんはあなたの言《い》い分《ぶん》もみとめてくれるはず。でも、もしあなたにも悪《わる》いところがあったなら、すなおにあやまろうね。

アクションプラン

なんでもないときに、
お母《かあ》さんやお父《とう》さんに
あまえてみよう

家族《かぞく》の悩《なや》み 41

きょうだいって仲《なか》よくしないといけないの？

きょうだいは学校《がっこう》の友《とも》だちよりもいっしょにいる時間《じかん》がずっと長《なが》い分《ぶん》、いやな気《き》もちがわくことも多《おお》いかもしれないね。人《ひと》に「感《かん》じちゃいけない感情《かんじょう》」はないから、弟《おとうと》や妹《いもうと》のことを「きらい」と思《おも》ってもいいよ。

でも、その気《き》もちを行動《こうどう》や言葉《ことば》で表《あらわ》すのはやめてほしいな。たたいたり、むししたり、「おまえのことがきらい！」と言《い》ったりするのはよくない。

仲《なか》よくできないと感《かん》じるときは、むりせずそっと

きょりをおくのも手《て》だよ。「仲《なか》よくはないけど大切《たいせつ》」という関係《かんけい》だってあっていいんだ。

アクションプラン

きょうだいのいいところを3つ、考《かんが》えてみよう

家族《かぞく》の悩《なや》み

42

弟《おとうと》・妹《いもうと》が生意気《なまいき》、すぐじゃましてくるのはなんで？

弟《おとうと》や妹《いもうと》は、お兄《にい》ちゃん、お姉《ねえ》ちゃんのことが大好《だいす》き。生《う》まれたしゅん間《かん》からそばにいる、いちばん身《み》近《ぢか》な「あこがれのそんざい」だから、なんでもマネして、なんでもいっしょにやりたいと思《おも》っているんだ。そんな弟《おとうと》や妹《いもうと》をうっとうしく感《かん》じるのは、へんなことじゃないよ。

下《した》の子《こ》が「かして」「いっしょにやろう」と言《い》ってくるのにこまっているなら、タイマーやすな時計《どけい》を用意《ようい》するのがおすすめ。わかりやすく時間《じかん》を区切《くぎ》

ることで、待《ま》ったり、スムーズに交代《こうたい》したりできる
ようになるかも。

アクションプラン

音《おと》が鳴《な》るタイマーを
買《か》ってもらおう

家族《かぞく》の悩《なや》み
43

ひとりっこってかわいそうなの？

ひとりっこが「かわいそう」というのは、あなたの気《き》もちかな？　それとも、だれかに言《い》われたのかな？　お母《かあ》さんやお父《とう》さんがそう思《おも》っているように感《かん》じるのかな？

もし、きょうだいがほしいと思《おも》うなら、その気《き》もちをお母《かあ》さんやお父《とう》さんにつたえてみてもいいと思《おも》うよ。それがかんたんにかなうとはかぎらないけれど。

ひとりっこと、きょうだいがいることは、どちら

ひとりっこ

悪《わる》いところ

・遊《あそ》ぶ相手《あいて》がいなくてさみしい

いいところ

・だれにもじゃまされず、好《す》きなことに集中《しゅうちゅう》できる
・お母《かあ》さんやお父《とう》さんをひとりじめできる

にもいい面《めん》と悪《わる》い面《めん》がある。「ないものねだり」をするよりも、ひとりっこのよさをかみしめたほうが、幸《しあわ》せに生《い》きられるよ。

アクションプラン

家族《かぞく》以外《いがい》に、なんでも
話《はな》せる友《とも》だちを
ひとり見《み》つけよう

きょうだい

悪《わる》いところ

・ケンカばっかり
・テレビやゲームのとり合《あ》い

いいところ

・こまったときに味方《みかた》になってくれる
・いっしょに遊《あそ》べる

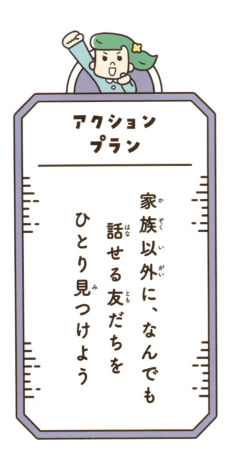

家族《かぞく》の悩《なや》み 44

お兄《にい》ちゃん、お姉《ねえ》ちゃんとくらべられてつらいです

お兄《にい》ちゃん、お姉《ねえ》ちゃんとくらべられるのはつらいよね。もし「お兄《にい》ちゃんはあんなにできたのに、あなたは……」なんて言《い》われたら、「くらべられたら悲《かな》しいよ」って気《き》もちをすなおに大人《おとな》につたえていいよ。

きょうだいだけでなく、友《とも》だちやいとこ、テレビの中《なか》の子役《こやく》まで、いろんな子《こ》とくらべられることがあるかもしれない。でも、そんな声《こえ》は全部《ぜんぶ》聞《き》かなくていいよ。本当《ほんとう》に大切《たいせつ》なのは、過去《かこ》のあなたより、

今日《きょう》のあなたがどれだけ成長《せいちょう》しているかのほうだから。

たとえ、だれもほめてくれなくても、あなたがあなた自身《じしん》のことを大切《たいせつ》にして、がんばったことをほめてあげてね。

アクションプラン

きのうよりも今日《きょう》、1年《ねん》前《まえ》よりも今《いま》、あなたが成長《せいちょう》したところを書《か》き出《だ》してみよう

みんなあのころがあったから
りっぱになれたんだ！
Dodger

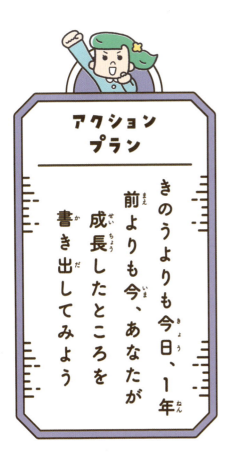

これも
アウトプット！

TO《トゥー》 DO《ドゥー》リストを書《か》く

全《ぜん》体《たい》の流《なが》れをイメージしつつ、目《め》の前《まえ》のことに集《しゅう》中《ちゅう》

「TO DO《トゥー ドゥー》リスト（やるべきことリスト）」は、仕事《しごと》をする大人《おとな》だけでなく、小学生《しょうがくせい》のみんなにもとっても役《やく》に立《た》ちます。

「宿題《しゅくだい》」「ピアノの練習《れんしゅう》」「おふろそうじ」「○○ちゃんに手紙《てがみ》の返事《へんじ》を書《か》く」「おばあちゃんに電話《でんわ》する」などのように、今日《きょう》やらなくてはならない（やりたい）ことをならべて書《か》き、見《み》えるところにおきましょう。

そうすると、頭《あたま》の中《なか》が整理《せいり》されて、「やるべきこと」全体《ぜんたい》の流《なが》れがイメージできるように。「あれもしなきゃ、これもしなきゃ」とパニックになることもなく、目《め》の前《まえ》のことに集中《しゅうちゅう》できます。

ひとつの「やるべきこと」が終《お》わったら、線《せん》で思《おも》いっきり消《け》すとスッキリするよ。その気《き》もちよさが、次《つぎ》の「やるべきこと」に前向《まえむ》きにとりくむ力《ちから》になります。

4章《しょう》

心《こころ》の悩《なや》み

心《こころ》の悩《なや》み

45

自分《じぶん》が あんまり 好《す》きじゃありません

みんなは自分《じぶん》のことが好《す》きかな？「大好《だいす》き！」という子《こ》もいれば、「きらい」という子《こ》もいるよね。「好《す》きなときもあれば、きらいなときもある」という子《こ》もいるかな。

みんなには、ひとつだけおぼえておいてほしい。自分《じぶん》のことが好《す》きだろうと、きらいだろうと、どんなあなたも大切《たいせつ》なそんざいだということ。

そして、自分《じぶん》を大切《たいせつ》に思《おも》う気《き》もち、むずかしい言《こと》葉《ば》でいうと「自尊感情《じそんかんじょう》」は、だれかから大切《たいせつ》にされ

自分《じぶん》のことを大切《たいせつ》に思《おも》う自尊感情《じそんかんじょう》の気《き》もちは人《ひと》と交《まじ》わり、人《ひと》から大切《たいせつ》にされることで育《そだ》っていくよ

たり、あいされたりすることで育《そだ》っていくんだ。だから外《そと》に出《で》てたくさんの人《ひと》と交《まじ》わって、いろんなけいけんをしよう。

アクションプラン

お母《かあ》さんやお父《とう》さんに、自《じ》分《ぶん》のいいところを言《い》ってもらおう

心《こころ》の悩《なや》み

46

何《なに》もやりたくないときはどうしたらいい？

なんにもやりたくないのは、今日《きょう》だけかな？　それとも毎日《まいにち》？

人間《にんげん》だれしも、毎日《まいにち》１００％《パーセント》元気《げんき》でいるのはむずかしいもの。どんな人《ひと》にも「なんにもやりたくない！」という日《ひ》があってもおかしくはないし、そんなときはなんにもやらなくていいよ。たまにはすべてをわすれて、ぼーっと、だらーっとしてみよう。

でも、もし毎日《まいにち》「なんにもやりたくない」というじょうたいがつづいているなら、ちょっと心配《しんぱい》だ

電池《でんち》がからっぽのときは、何《なに》もせずによく休《やす》もう
人生《じんせい》には「じゅう電期間《でんきかん》」もひつようなんだ

な。やる気《き》が起《お》きないだけでなく、なんにも食《た》べたくない、よくねむれないといった場合《ばあい》は、だれかに相談《そうだん》してみよう。

こうなったらちょっと心配《しんぱい》かも？
心《こころ》のけんこうチェックリスト

□夜《よる》のねむりが悪《わる》い。
□食欲《しょくよく》がない。
□朝起《あさお》きるのがつらい。
□体《からだ》がだるい、重《おも》たい。
□気分《きぶん》がおちこむ。
□ゲームや遊《あそ》びが楽《たの》しくない。
□友《とも》だちと会《あ》いたくない。
□学校《がっこう》に行《い》きたくない。

4つ以上《いじょう》チェックがついた子《こ》は、心《こころ》がちょっとつかれているのかも。お母《かあ》さんやお父《とう》さん、たんにんの先生《せんせい》やほけん室《しつ》の先《せん》生《せい》などに相談《そうだん》してみましょう。

アクションプラン

休《やす》みの日《ひ》に
1日中《にちじゅう》ぼーっと
してみよう

心《こころ》の悩《なや》み

47

自信《じしん》をつける方法《ほうほう》は？

今《いま》、「自分《じぶん》に自信《じしん》がないんです」という子《こ》は多《おお》いよね。

自信《じしん》は、成長《せいちょう》とともに自然《しぜん》に身《み》につくようなものではなく、何《なに》かをけいけんすることによってしか育《そだ》たないんだ。だから、自信《じしん》をつけたいなら、何《なに》か新《あたら》しいことにチャレンジしてみよう。「毎日腹筋《まいにちふっきん》10回《かい》」「1日《にち》1回《かい》は手《て》をあげて発言《はつげん》する」「次《つぎ》の行事《ぎょうじ》の実行《じっこう》委員《いいん》に立候補《りっこうほ》してみる」でもなんでもいいよ。

どんなに小《ちい》さなことでも、「チャレンジした」と

いうけいけんがたしかな自信《じしん》になり、さらに次《つぎ》のチャレンジへの一歩《いっぽ》をあとおししてくれるよ。このサイクルをどんどん回《まわ》すことで大《おお》きな自信《じしん》が育《そだ》っていくんだ。

アクションプラン

明日《あす》、授業《じゅぎょう》で
いつもより1回《かい》多《おお》く
手《て》をあげてみよう

心《こころ》の悩《なや》み

48

すごくつらいんだけど、これってストレスなの？

「なんだかつらい」とストレスを感《かん》じるのは、「コルチゾール」というホルモンのしわざ。このホルモンをなくしたいなら、運動《うんどう》をしたり、リフレッシュしたりして、体《からだ》と心《こころ》をととのえよう。よくねるのもおすすめだよ。

なんで「なんだかつらい」のか、その原因《げんいん》をつきとめるのも、ストレス解消《かいしょう》につながるよ。原因《げんいん》そのものはなくせなくても、「理由《りゆう》がわかる」だけで少《すこ》しラクになるかも。

そして、ストレスは絶対的《ぜったいてき》に悪《わる》いものじゃないよ。ストレスを乗《の》りこえることが、成長《せいちょう》につながることもある。うまいつき合《あ》い方《かた》を見《み》つけていくのがいいね。

アクションプラン

モヤモヤしたら、
いつもより1時間《じかん》早《はや》く
ねてみよう

自分《じぶん》に合《あ》う
ストレス発散方法《はっさんほうほう》を
見《み》つけよう
おいしいものを食《た》べる
はむっ
日光《にっこう》をあびる
よく笑《わら》う
ワハハ　ワハハ

心《こころ》の悩《なや》み
49

かっこよくなるにはどうしたらいいの？

どんな人《ひと》が「かっこいい」と思《おも》う？　もちろん、アイドルグループのメンバーみたいに、顔《かお》やスタイルがととのっている人《ひと》はかっこいいよね。でも、かっこよさってそれだけじゃないと思《おも》うんだ。

たとえば、何《なに》か打《う》ちこむことがある人《ひと》たちはかっこいい。アイドルも顔《かお》のよさだけじゃなく、歌《うた》やダンスに真《しん》けんに打《う》ちこんでいるすがたにこそ、みんな夢中《むちゅう》になっているんじゃないかな。

打《う》ちこんでいるものがある人《ひと》は、それをもっとき

わめよう。打《う》ちこむものがない人《ひと》は、何《なに》か見《み》つけよう。あなたが夢《む》中《ちゅう》になれる何《なに》かは、きっとどこかにあるはずだよ。

アクションプラン

今《いま》、打《う》ちこんでいることについて、何《なに》か目《もく》標《ひょう》を立《た》ててみよう

心《こころ》の悩《なや》み

50

かわいくなるにはどうしたらいいの？

みんな、かがみの前《まえ》で「かわいくなりたい」って思《おも》うかもしれないけど、じつはみんな、何《なに》もしなくてもそのままでかわいいんだよ。

うそだと思《おも》うなら、仲《なか》のいい友《とも》だちのことを思《おも》い出《だ》してごらん？　いつもニコニコ笑顔《えがお》でいる子《こ》はそれだけでかわいいし、えくぼやぷにぷにのほっぺ、八重歯《やえば》がキュートな子《こ》もいるよね。ふんいきや性格《せいかく》がすてきな子《こ》のことも「かわいい」と感《かん》じるんじゃないかな。

何《なに》をかわいいと思《おも》うかは人《ひと》それぞれなんだ。だから、あなたならではの「かわいいポイント」＝み力《りょく》を見《み》つけて、そこをのばすのがいいと思《おも》うよ。

アクションプラン

かがみの前《まえ》で笑顔《えがお》の練習《れんしゅう》をしてみよう

心《こころ》の悩《なや》み

51

好《す》きなことを見《み》つけるにはどうしたらいいの？

自分《じぶん》は何《なに》がいちばん好《す》きか、何《なに》をしているときがいちばん楽《たの》しいか、自分《じぶん》に問《と》いかけてみよう。

おすすめなのは、ふだんから「今日《きょう》はどんな洋服《ようふく》を着《き》て行《い》きたい？　スカート？　ズボン？　どんな色《いろ》の気分《きぶん》かな？」「今《いま》、何《なに》が飲《の》みたい？　オレンジジュース？　コーラ？」と、自分《じぶん》が今《いま》「本当《ほんとう》にのぞんでいること」を見《み》つめるくせをつけること。「本《ほん》当《とう》の自分《じぶん》の気《き》もち」と向《む》き合《あ》うことが、自分《じぶん》の「好《す》き」を見《み》つける練習《れんしゅう》になるよ。

「今《いま》の自分《じぶん》の気《き》もち」と真《しん》けんに向《む》き合《あ》うトレーニングをしよう

「友《とも》だちと同《おな》じのを飲《の》みたい！」
という気《き》もちならOK《オーケー》

「友《とも》だちに合《あ》わせないと……」
とえらぶのはよくないよ

アクションプラン

次《つぎ》の休《やす》みの日《ひ》に
やりたいことを
じっくり考《かん》えてみよう

心《こころ》の悩《なや》み

52

人《ひと》のいやなところが気《き》になるのはいけないこと？

人間《にんげん》だれしも、いいところも悪《わる》いところももっている。友《とも》だちも、もちろんあなたもね。

友《とも》だちの悪《わる》いところが気《き》になるのは、もしかしたら、自分《じぶん》のいやなところをその友《とも》だちの中《なか》に見《み》つけているのかもしれないね。こういう心《こころ》のしくみを、むずかしい言葉《ことば》で「投影《とうえい》」って言《い》うよ。

どうしても気《き》になっちゃうあの子《こ》には、あなたとにた部分《ぶぶん》があるのかもしれない。「なんでこんなに気《き》になるんだろう？」「自分《じぶん》にもそういうところが

見方《みかた》をかえれば欠点《けってん》も長所《ちょうしょ》に？

人《ひと》や、自分《じぶん》のいやなところ、つまり「欠点《けってん》」は、見方《みかた》をかえるとその人《ひと》のみ力《りょく》や強《つよ》みにもなります。たとえば、なかなか思《おも》い切《き》ったチャレンジができない子《こ》は、自分《じぶん》のことを「おく病《びょう》」や「消極的《しょうきょくてき》」と思《おも》っているかもしれません。でも、べつの視点《してん》から見《み》れば、それは「しんちょう」という長所《ちょうしょ》になるのです。「おとなしい」子《こ》は「れいせい」なのかもしれないし、「おふざけキャラ」のあの子《こ》は「もり上《あ》げ役《やく》」とも言《い》えますよね。

あるのかな」と考《かんが》えるきっかけにするのがいいよ。

アクションプラン

自分《じぶん》の欠点《けってん》を
3つ考《かんが》えてみよう

心《こころ》の悩《なや》み

53

人《ひと》とくらべておちこんじゃうのはだめ？

保育園《ほいくえん》やようち園《えん》のころ、そして小学校《しょうがっこう》に入《はい》ってからも1～2年生《ねんせい》ぐらいまでは、みんな「自分《じぶん》がいちばん」という気《き》もちをもっている。だれからもいちばんよくしてもらうのがあたりまえで、どんなきょうそうでもいちばんになりたい……。

でも、その自信《じしん》は、高学年《こうがくねん》になるにつれてだんだんうすくなっていく。いろんな人《ひと》がいる中《なか》で「なんでもいちばん」になるのは、現実的《げんじつてき》ではないからね。人《ひと》とくらべておちこんじゃうのは、大人《おとな》になって

きているしょうこだよ。

「なんでもいちばん」になるのはむずかしいと気《き》づいたら、とくいなことを見《み》つけて、それをのばすことに力《ちから》を入《い》れよう。「いちばん」じゃなくてもいいからね。

アクションプラン

自《じ》分《ぶん》がとくいだと
思《おも》うことを
書《か》き出《だ》してみよう

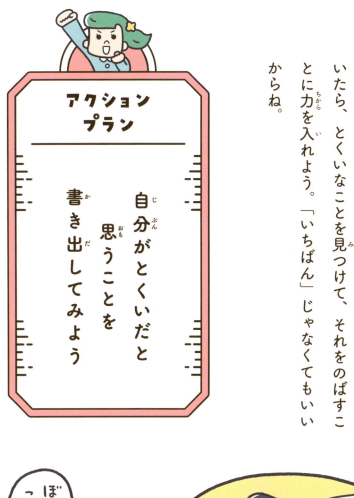

心《こころ》の悩《なや》み

54

いろんなことが心配《しんぱい》です

「大事《だいじ》な場面《ばめん》できんちょうしてしっぱいしてしまうのではないか」「地《じ》しんや火事《かじ》などのさいがいがこわい」。さまざまな不安《ふあん》で頭《あたま》がいっぱいで、「夜《よる》もねむれない」という子《こ》はいるかな?

不安《ふあん》になるのは悪《わる》いことばかりではないよ。不安《ふあん》になるから、人《ひと》はそなえることができる。さいがいが起《お》こったときのひなんリュックなどがいいれいだよね。

でもじつは、人《ひと》が不安《ふあん》に思《おも》うことの9割《わり》は、実際《じっさい》

には起《お》こらないと言《い》われているんだ。うそだと思《おも》うなら、「不安《ふあん》に思《おも》うこと」と、「それが実際《じっさい》に起《お》こった回数《かいすう》」を、数字《すうじ》でくらべてみよう。思《おも》ったよりひくいかくりつだとわかれば、少《すこ》しは安心《あんしん》できるんじゃないかな。

アクションプラン

不安《ふあん》に思《おも》うことが「自分《じぶん》の身《み》に実際《じっさい》に起《お》こった」回数《かいすう》を数《かぞ》えてみよう

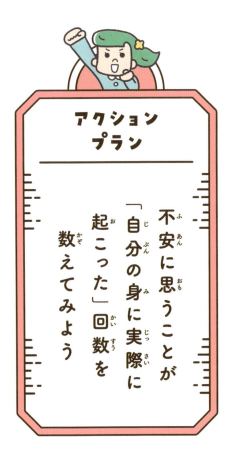

心《こころ》の悩《なや》み

55

好《す》きな子《こ》ができないのってへん？

「好《す》き」にはいろんな形《かたち》があるよ。「顔《かお》がかっこいい、かわいい」「足《あし》が速《はや》い」「やさしい」「リーダーシップがある」子《こ》は、もちろんすてきだよね。

でも、それだけじゃなくて、「話《はな》しているとなんか楽《たの》しい」「いごこちがいいな」「いっしょにいるとおちつく」という気《き》もちも、りっぱな「好《す》き」なんだ。

そういう自分《じぶん》の気《き》もちを大切《たいせつ》にしていくと、そのうち、いわゆるれんあいとしての「好《す》き」につな

がっていくかもしれない。

むりして好《す》きな人《ひと》をつくるひつようはないけど、思《おも》いこみをもたずに、いろんな人《ひと》とせっしてみるのがいいと思《おも》うよ。

アクションプラン

「いっしょにいていいごこちがいいな」と思《おも》える人《ひと》を思《おも》いうかべてみよう

心《こころ》の悩《なや》み
56

うそついたら なんでいけないの？

あなたは友《とも》だちからうそをつかれたら、どう思《おも》う？

たとえばこんなケース。新学期《しんがっき》に係《かかり》を決《き》めるとき、ある係《かかり》に人気《にんき》が集《あつ》まってしまった。「絶対《ぜったい》にこの係《かかり》に手《て》をあげるんだ……！」と前々《まえまえ》から心《こころ》に決《き》めていた子《こ》が、まとまらないみんなの様子《ようす》を見《み》て「私《わたし》はいいや、あっちの係《かかり》もやってみたかったし」と言《い》ってゆずってくれた……これは、うその中《なか》でも「やさしいうそ」と言《い》えるんじゃないかな。

人《ひと》をおとしいれたり、きずつけたりするようなうそはよくないけれど、「だれかを思《おも》って」「だれかをきずつけないように」つく「やさしいうそ」はついてもいいんだ。

「いいうそ」と「悪《わる》いうそ」

「だれかを思《おも》って」「だれかをきずつけないように」つくのは、「いいうそ」。でも、「人《ひと》をきずつけるために」「だれかをおとしいれるために」つくのは「悪《わる》いうそ」と言《い》えます。「悪《わる》いうそ」はいつかバレて、人《ひと》からしんらいされなくなったり、「うそつき」とよばれたりすることにつながります。「うそをついてはいけない」とは言《い》いません。「ついたほうがいいうそなのか？」をじっくり考《かんが》えてから、しんちょうにつきましょう。

えっ？ほんと!?
今《いま》おなか空《す》いてないから最後《さいご》の1個《こ》あげるよ～

アクションプラン

友《とも》だちにうそをつかれたとき、どんな気《き》もちになるか考《かんが》えてみよう

ひなたくん……

心《こころ》の悩《なや》み

57

なんで小《ちい》さい子《こ》にやさしくしないといけないの？

「小《ちい》さい子《こ》にはやさしくしなさい」なんて言《い》われると、「なんで私《わたし》ばっかり……」なんて気《き》もちにもなるかな？

自分《じぶん》が小《ちい》さかったころのことを思《おも》い出《だ》してみて。お兄《にい》ちゃん、お姉《ねえ》ちゃんがいなくても、近所《きんじょ》の年上《としうえ》の友《とも》だちや、保育園《ほいくえん》やようち園《えん》の上級生《じょうきゅうせい》、親《しん》せきのお兄《にい》ちゃん、お姉《ねえ》ちゃんたちにやさしくしてもらった思《おも》い出《で》が、きっとあるんじゃないかな。入学《にゅうがく》したばかりの1年生《ねんせい》のときには、6年生《ねんせい》のお兄《にい》さん、お

そういえば私《わたし》もやさしくされてたな
なるほど！
5年後《ねんご》

姉《ねえ》さんがいろんなことを教《おし》えてくれたよね。

そのときのうれしかったり、たのもしかったりした気《き》もちを、今度《こんど》は自分《じぶん》よりも小《ちい》さい子《こ》たちに返《かえ》していこう。

アクションプラン

小《ちい》さいころに「されてうれしかったこと」を思《おも》い出《だ》してみよう

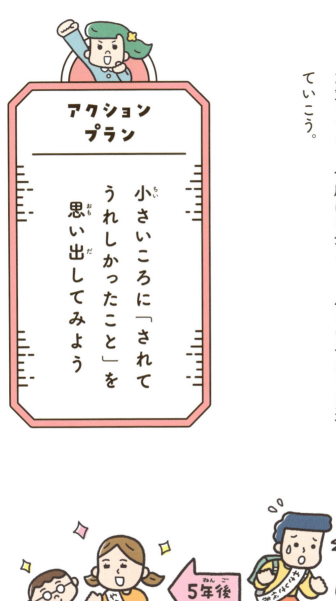

心《こころ》の悩《なや》み

58

死《し》にたいって思《おも》っちゃいけないの？

「死《し》にたい」って思《おも》う子《こ》は、ほとんどの場合《ばあい》が「死《し》にたいほどつらい」じょうたいなんだと思《おも》う。人《ひと》にはもってはいけない感情《かんじょう》はないから、「死《し》にたいと思《おも》う自分《じぶん》」をせめたり、だめなんだって思《おも》わないようにしてね。

「死《し》にたい」って口《くち》にすると、おどろいてしまう人《ひと》もいるから、「死《し》にたいほどつらいんだ、苦《くる》しいんだ」という言葉《ことば》にして相談《そうだん》するといいかもしれない。

あなたの味方《みかた》になってくれる人《ひと》はかならずいるよ。

死《し》にたいほどつらかったら、
だれか3人《にん》にその気《き》もちをつたえると少《すこ》しラクになるよ

まわりの人《ひと》に悩《なや》みを打《う》ち明《あ》けづらかったら、相談《そうだん》を聞《き》いてもらえる場所《ばしょ》をたよるのもいいでしょう。

「こころの健康相談統一《けんこうそうだんとういつ》ダイヤル」
電話番号《でんわばんごう》：0570-064-556

アクションプラン

何《なに》かこまったときに
相談《そうだん》したい人《ひと》を3人《にん》、
思《おも》いうかべてみよう

心《こころ》の悩《なや》み
59

泣《な》きたいときは泣《な》いていいの？

だれかにいやなことを言《い》われたり、自分《じぶん》の意見《いけん》がとおらなかったりしたとき。反対《はんたい》に、クラスのみんなで何《なに》かをなしとげて、感動《かんどう》したとき。あるいは、クラスがえ前《まえ》の最後《さいご》の学級会《がっきゅうかい》。こどもには泣《な》きたくなることがたくさんあるよね。

そんなときはがまんせず、思《おも》いっきり泣《な》いていいよ。みんなの前《まえ》で泣《な》くのがはずかしかったら、家《いえ》に帰《かえ》ってからでもいい。ストレスホルモンの「コルチゾール」は涙《なみだ》とともに流《なが》れていくから、泣《な》くのをが

まんするのはよくないんだ。「涙活《るいかつ》」といって、ストレス発散《はっさん》のためにわざわざ泣《な》く大人《おとな》もいるよ。こどものうちは感情《かんじょう》のままに泣《な》こう。

小学生《しょうがくせい》におすすめ！泣《な》ける映画《えいが》リスト

- 『聲《こえ》の形《かたち》』（2016年《ねん》）
- 『ワンダー 君《きみ》は太陽《たいよう》』（2017年《ねん》）
- 『シング』（2016年《ねん》）
- 『火垂《ほた》るの墓《はか》』（1988年《ねん》）
- 『この世界《せかい》の片隅《かたすみ》に』（2016年《ねん》）
- 『僕《ぼく》のワンダフル・ライフ』（2017年《ねん》）
- 『若《わか》おかみは小学生《しょうがくせい》！』（2018年《ねん》）

アクションプラン

泣《な》ける映画《えいが》を見《み》て、
思《おも》いっきり
泣《な》いてみよう

心《こころ》の悩《なや》み

60 やることがいっぱいでパニックになっちゃう

学校《がっこう》の宿題《しゅくだい》に塾《じゅく》の宿題《しゅくだい》、明日《あす》のしたく、習《なら》いごとの練習《れんしゅう》、係《かかり》の仕事《しごと》、それから友《とも》だちと公園《こうえん》で遊《あそ》びたいし、ゲームもやりたいしテレビもYouTube《ユーチューブ》も見《み》たい！　でも、何《なに》から手《て》をつけたらいいのかわからない！

……なんて子《こ》はいるかな？　今《いま》の小学生《しょうがくせい》はみんな大《おお》いそがし。やらなきゃいけないこと、そしてやりたいことで、頭《あたま》の中《なか》がいっぱいだよね。

じつは、人間《にんげん》の脳《のう》は、一度《いちど》に3つのことしかしょ

りできないんだ。「少《すく》なっ！」って思《おも》うかもしれないけど、本当《ほんとう》だよ。だから、「今《いま》」やるべきことを、まずは3つにしぼろう。文字《もじ》にして書《か》き出《だ》すと、頭《あたま》の中《なか》が整理《せいり》されるよ。

アクションプラン

「今日《きょう》やるべきこと」を3つ、書《か》き出《だ》してみよう

「やるべきこと」を書《か》き出《だ》す（アウトプットする）と、頭《あたま》の中《なか》が整理《せいり》されてスッキリするよ

心《こころ》の悩《なや》み
61

毎日《まいにち》時間《じかん》が足《た》りない！

「やりたいこと」に時間《じかん》を使《つか》いたいなら、「やらなきゃいけないこと」をさっさと終《お》わらせよう。だらだらと1時間《じかん》勉強《べんきょう》するよりも、集中《しゅうちゅう》して15分《ふん》やったほうが頭《あたま》にもスッと入《はい》る。テレビやYouTube《ユーチューブ》を見《み》ながら勉強《べんきょう》するのは、いちばんこうりつがよくないよ。

あなたの大切《たいせつ》な時間《じかん》を、どう使《つか》うかはあなた次第《しだい》。集中《しゅうちゅう》してやるべきことを終《お》えて、好《す》きなことに時間《じかん》を使《つか》おう。

理想《りそう》のタイムスケジュールをつくってみよう

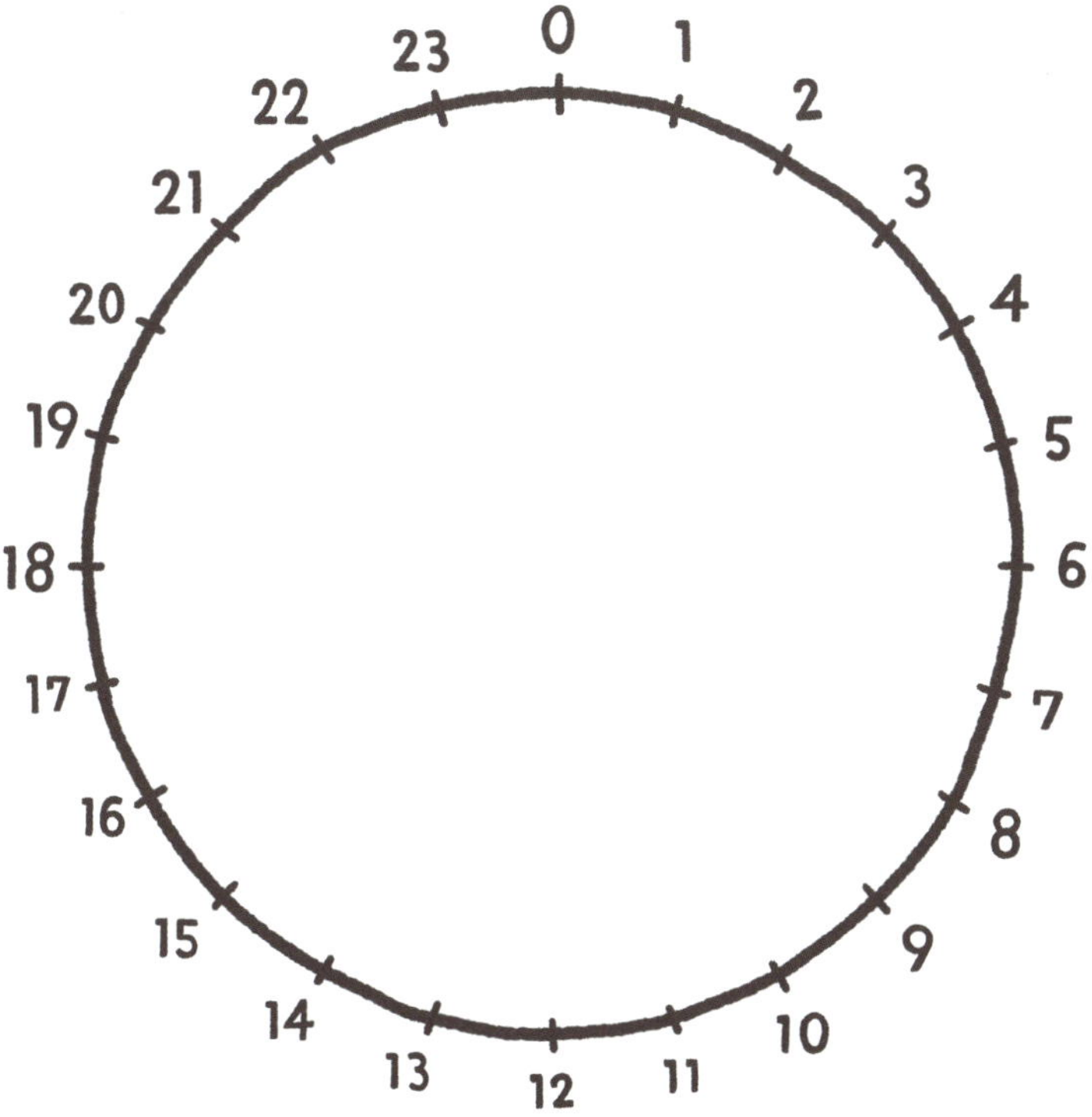

・朝《あさ》起《お》きる時間《じかん》と、夜《よる》ねる時間《じかん》を決《き》めよう
・宿題《しゅくだい》はいつやる？
・絶対《ぜったい》にゆずれない
「楽《たの》しみ」は何《なに》？

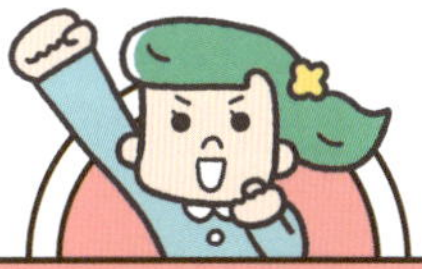

アクションプラン

自分《じぶん》の
タイムスケジュールを
つくってみよう

心《こころ》の悩《なや》み

62

いろんなことをすぐにわすれちゃいます

小《ちい》さいころのことをほとんど何《なに》もおぼえていないように、今《いま》、こんなにも楽《たの》しくすごしている毎日《まいにち》のことも、いつかわすれちゃうのかな。それってなんだかさみしい感《かん》じがするよね。

今《いま》の気《き》もちをわすれたくないのなら、日々《ひび》のできごとや気《き》づいたこと、感《かん》じたことを、なんでもノートに書《か》き出《だ》すのがおすすめだよ。体験《たいけん》や感情《かんじょう》だけでなく、読《よ》んだ本《ほん》や見《み》たアニメの感想《かんそう》をのこしておくのもいいね。

できれば、体験《たいけん》したり、感動《かんどう》したりしたそのしゅん間《かん》に書《か》こう。頭《あたま》に思《おも》いうかんだ言葉《ことば》を、思《おも》うがままにどんどん書《か》き出《だ》してOK《オーケー》。そのときの気《き》もちや気《き》づきを永久保存《えいきゅうほぞん》できるよ。

アクションプラン

日記帳《にっきちょう》を1さつ買《か》ってみよう

頭《あたま》の中《なか》に思《おも》いうかんだことを紙《かみ》に書《か》き出《だ》すことで、気《き》づきや感動《かんどう》を永久保存《えいきゅうほぞん》できる

心《こころ》の悩《なや》み
63

毎日《まいにち》楽《たの》しくすごしたい！

今《いま》のままでも楽《たの》しいだろうけど、毎日《まいにち》をもっと楽《たの》しくしたいなら、おすすめの方法《ほうほう》があるよ。

それは、日記《にっき》を書《か》くこと。しかも、起《お》こったできごとをただ書《か》くのではなく、楽《たの》しかったことやうれしかったことをピックアップして書《か》く「ポジティブ日記《にっき》」。1日《にち》3つ、3行《ぎょう》でいいから、ポジティブなできごとを書《か》き出《だ》してみよう。5分《ふん》もあれば書《か》き終《お》わるよね。

これを習慣《しゅうかん》にすると、日常《にちじょう》の中《なか》から「楽《たの》しい」を

発見《はっけん》する力《ちから》が高《たか》まって、毎日《まいにち》がもっと楽《たの》しくなることまちがいなし！「私《わたし》は、こんなことをうれしいって感《かん》じるんだな」と、自分自身《じぶんじしん》をよく知《し》ることにもつながるよ。

アクションプラン

今日《きょう》1日《にち》の「ポジティブ日記《にっき》」を書《か》いてみよう

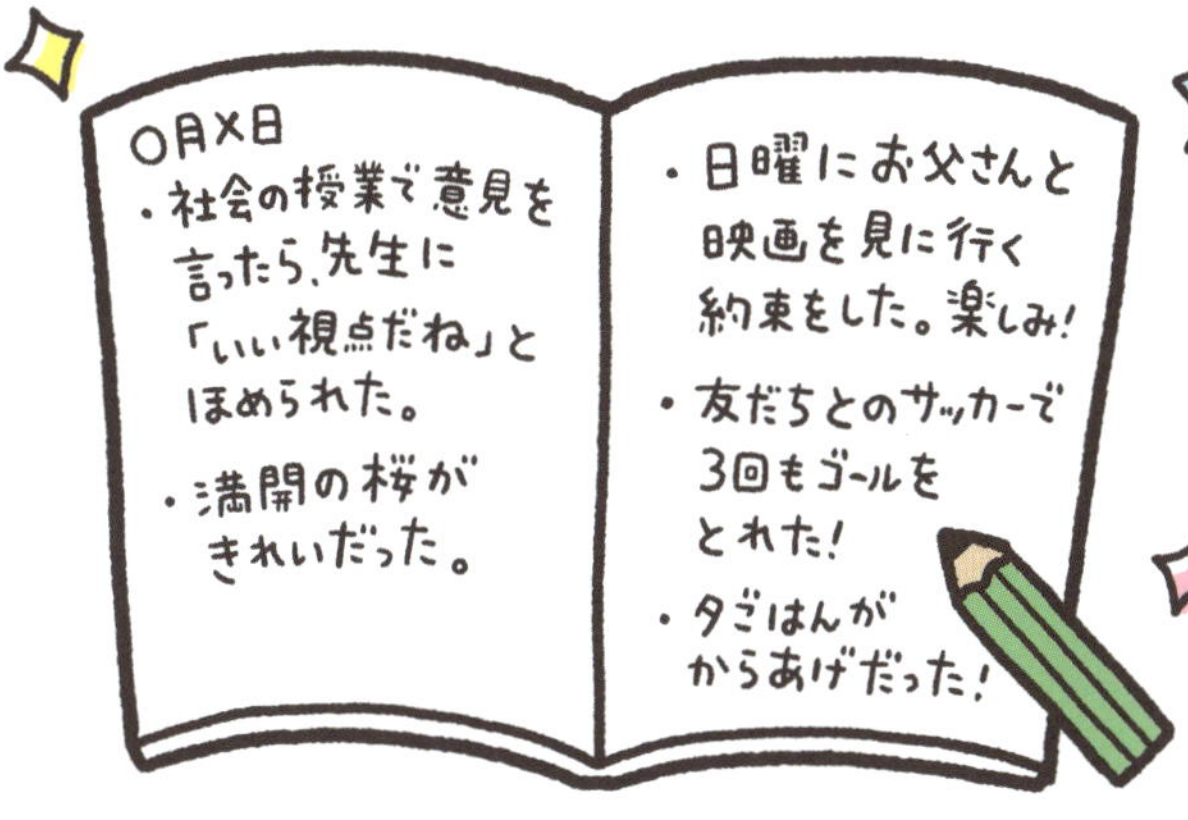
〇月×日
・社会の授業で意見を言ったら、先生に「いい視点だね」とほめられた。
・満開の桜がきれいだった。
・日曜にお父さんと映画を見に行く約束をした。楽しみ！
・友だちとのサッカーで3回もゴールをとれた！
・夕ごはんがからあげだった！

ポジティブ日記《にっき》

日常《にちじょう》の中《なか》から「いいね！」「うれしい！」「楽《たの》しい！」を見《み》つける力《ちから》がつくよ

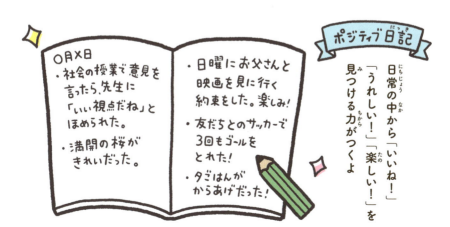

心《こころ》の悩《なや》み
64

目標《もくひょう》をかなえるにはどうすればいい？

「漢検《かんけん》で○級《きゅう》に合格《ごうかく》！」「ピアノの発表会《はっぴょうかい》でかんぺきにえんそうする！」「野球《やきゅう》の大会《たいかい》でゆうしょうする！」……みんな、いろんな目標《もくひょう》をもっているよね。

絶対《ぜったい》にかなえたい目標《もくひょう》があるなら、それを心《こころ》の中《なか》で思《おも》うだけでなく、紙《かみ》に書《か》き出《だ》すのがおすすめ。そして、それを毎日《まいにち》見《み》えるところにはろう。家族《かぞく》からも見《み》てもらえる場所《ばしょ》だともっといいよ。

家族《かぞく》に対《たい》して自分《じぶん》の目標《もくひょう》をはっきりさせると、みんな、「今日《きょう》も練習《れんしゅう》した？」「もうすぐ大会《たいかい》だろ？

ちょっとがんばればかなう “ちょいむず” の目標《もくひょう》を立《た》てよう

ゲームはかんたんすぎるとつまらないし、どうがんばっても秒殺《びょうさつ》されるようなレベルだと文句《もんく》を言《い》いたくなりますよね。自分《じぶん》で立《た》てる目標《もくひょう》もこれと同《おな》じで、かんたんすぎても「がんばろう」という気《き》もちがわかないし、「どうせむりだろう」というものでもやる気《き》は出《で》ません。少《すこ》しせのびしてがんばればかなう、ちょっとむずかしいラインの目標《もくひょう》を立《た》てて、前向《まえむ》きにとりくみましょう。

キャッチボールにつき合《あ》うよ」なんて言《い》って、その目標《もくひょう》をおうえんしてくれるようになる。結果《けっか》として、目標《もくひょう》がかないやすくなるんだ。

アクションプラン

目標《もくひょう》を書《か》いて
はってみよう

心《こころ》の悩《なや》み

65

運《うん》をよくすることはできますか？

「あの子《こ》、運《うん》がいいな」と思《おも》う子《こ》っているよね。そういう子《こ》は、生活《せいかつ》の中《なか》で「いいこと探《さが》し」をするのが上手《じょうず》なのかもしれない。

「楽《たの》しいな、うれしいな」と思《おも》うことをふだんから集《あつ》めるようになると、心《こころ》は「この先《さき》もいいことが起《お》こるはず」というモードになる。

すると、脳《のう》のはたらきが活発《かっぱつ》になって、結果《けっか》として「いいこと」が起《お》こるんだ。これは、心理学《しんりがく》の研《けん》究《きゅう》でも明《あき》らかになっている。

つまり、運《うん》をよくすることはできるんだ。神社《じんじゃ》におまいりしたり、トイレそうじをしたり、自分《じぶん》から「いいこと」をするのもおすすめだよ。

アクションプラン

教室《きょうしつ》にゴミがおちていたら拾《ひろ》ってみよう

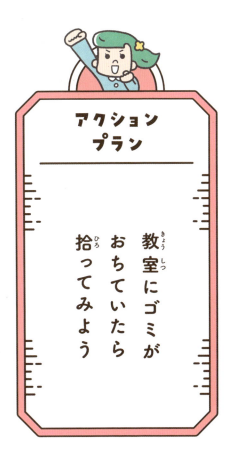

心《こころ》の悩《なや》み 66

すぐきんちょうするのはどうしたらいい？

大事《だいじ》なイベントのときにきんちょうするのは、目《め》の前《まえ》のことにそれだけ一生《いっしょう》けん命《めい》とりくんできた何《なに》よりのしょうこ。ここまでがんばってきた自分《じぶん》に、自《じ》信《しん》をもとう。そう、きんちょうを自信《じしん》にかえるんだ。

うまくいくイメージをして、深《しん》こきゅうをしよう。せすじをピンとのばすだけでもおちつくよ。そして、「場数《ばかず》」といって、大《おお》きなぶたいを何度《なんど》もけいけんするうちにだんだんなれていく。きんちょうとのつき合《あ》い方《かた》も、少《すこ》しずつ身《み》につけていこう。

アクションプラン

深《しん》こきゅうの
トレーニングをしよう

これも
アウトプット！

絵《え》や図《ず》を描《か》く

目《め》から入《はい》る情報《じょうほう》は、言葉《ことば》よりも理解《りかい》しやすい

人《ひと》に何《なに》かを説明《せつめい》するとき、口《くち》で話《はな》すよりも、絵《え》や図《ず》を使《つか》って説明《せつめい》するとわかってもらいやすく、相手《あいて》の記《き》おくにものこりやすくなります。

ある実験《じっけん》では、「口《くち》で説明《せつめい》する」のにくらべて、「絵《え》を使《つか》いながら説明《せつめい》する」ほうが、6倍以上《ばいいじょう》も人《ひと》の記《き》おくにのこった、という結果《けっか》が出《で》たそうです。

このしくみ、心理学《しんりがく》では「画像優位性効果《がぞうゆういせいこうか》」とよばれています。言葉《ことば》で説明《せつめい》すると、その情報《じょうほう》を脳《のう》の中《なか》で文字《もじ》におきかえなくてはならず、理解《りかい》するまでに時間《じかん》がかかる。いっぽう、絵《え》や図《ず》などの目《め》から入《はい》ってくる情報《じょうほう》は、見《み》たそのしゅん間《かん》にしょりされ、脳内《のうない》にも定着《ていちゃく》します。

ふだんから絵《え》や図《ず》を描《か》くことになれていると、いざというとき、相手《あいて》をうならせるような説明《せつめい》ができるでしょう。

5章《しょう》

生活《せいかつ》の悩《なや》み

生活《せいかつ》の悩《なや》み

67

なんで大人《おとな》は食《た》べなさい、のこしちゃいけないって言《い》うの？

大人《おとな》がこどもに「食《た》べなさい」「のこしちゃだめ」って言《い》うのには理由《りゆう》がある。それは、あなたたちが「成長中《せいちょうちゅう》」だから。

こどもの体《からだ》はまだまだ未完成《みかんせい》。脳《のう》をはじめ、あらゆる部位《ぶい》が、成長《せいちょう》へ向《む》けてさまざまな栄養素《えいようそ》をひつようとしているんだ。栄養《えいよう》が不足《ふそく》すると、つかれやストレスにも対応《たいおう》できない体《からだ》になってしまうよ。何《なに》より、こどもは大人《おとな》よりもたくさん動《うご》き回《まわ》るから、その分《ぶん》多《おお》くのエネルギーがひつようなんだ。

毎《まい》日《にち》元《げん》気《き》にすごすには、たくさんの栄《えい》養《よう》素《そ》がひつようなんだ

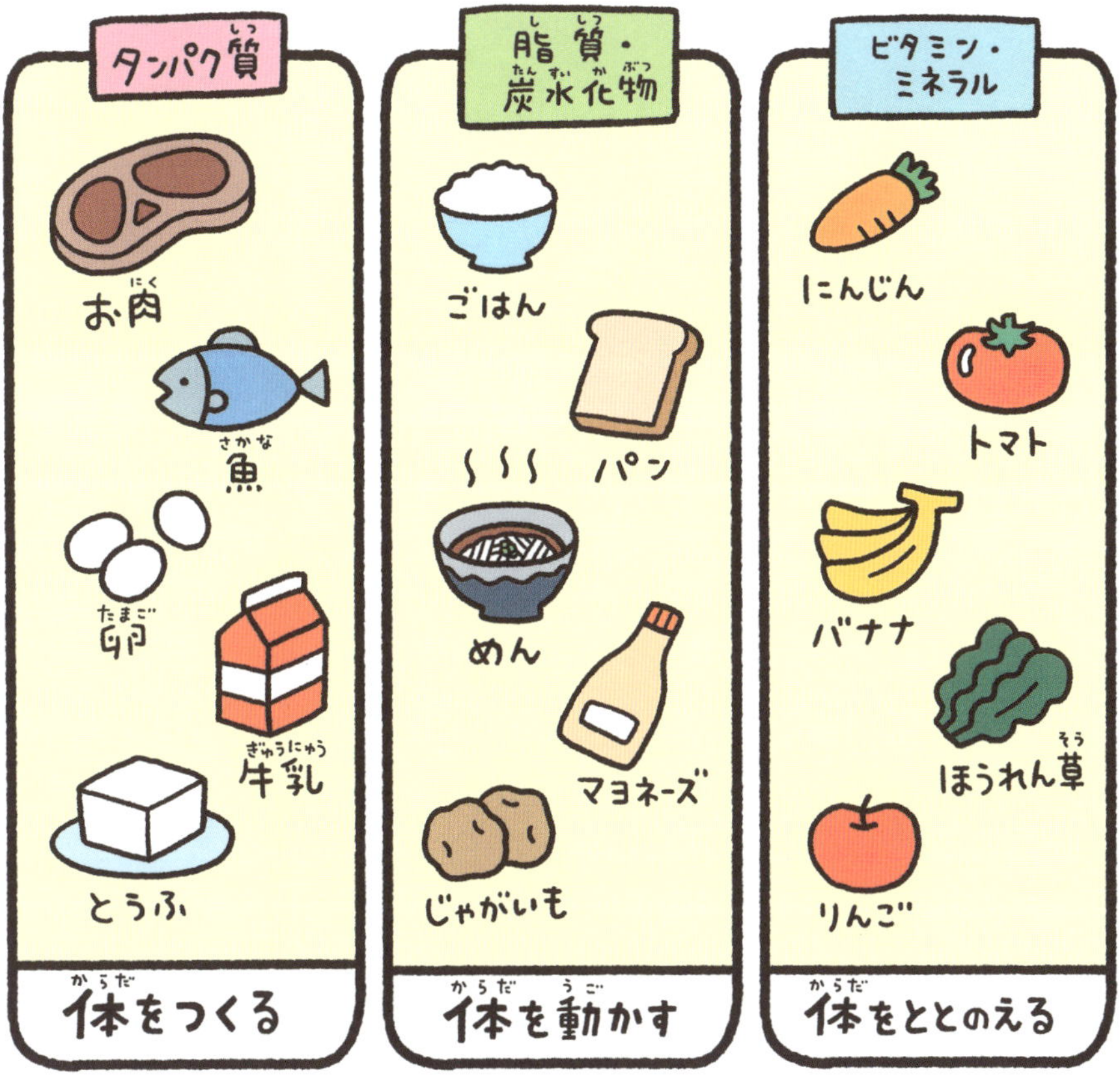

アクションプラン

給《きゅう》食《しょく》のこんだて表《ひょう》の
栄《えい》養《よう》素《そ》のらんを
見《み》てみよう

生活《せいかつ》の悩《なや》み 68

夕飯《ゆうはん》のおかずが魚《さかな》の日《ひ》はガッカリします

ハンバーグやからあげだと「やったー!」、焼《や》き魚《ざかな》だとガッカリ……って子《こ》が多《おお》いかな?

じつは、みんなの脳《のう》の6割《わり》は脂質《ししつ》(あぶら)でできている。とくに、脳《のう》にいいはたらきをする「オメガ3脂肪酸《しぼうさん》」というしゅるいの脂質《ししつ》は、体《からだ》の中《なか》でつくることができず、食事《しょくじ》からとるしかないんだ。

頭《あたま》のいい子《こ》は「あぶらならお肉《にく》に入《はい》ってるじゃん!」って思《おも》うかもしれないね。だけど、この「オメガ3脂肪酸《しぼうさん》」は、お肉《にく》にはあまりなくて、魚《さかな》には

たくさん入《はい》っているんだ。いやがらずに食《た》べると、その頭《あたま》のよさにもさらにみがきがかかるよ。

アクションプラン

魚《さかな》の中《なか》でも好《す》きなメニューをリクエストしてみよう

生活《せいかつ》の悩《なや》み

69

なんで朝《あさ》ごはんを食《た》べなくちゃいけないの？

朝《あさ》ごはんを食《た》べるぐらいなら、1分《ぷん》1秒《びょう》でもねていたい……なんて思《おも》う子《こ》は、ぜひ、朝《あさ》ごはんのもつパワーについて知《し》ってほしいな。

朝《あさ》ごはんを食《た》べると、1日元気《にちげんき》に動《うご》き回《まわ》るためのエネルギーが体《からだ》のすみずみに行《い》きわたる。頭《あたま》と体《からだ》の体内時計《たいないどけい》もばっちりリセットされて、元気《げんき》に活動《かつどう》できるようになるんだ。

朝《あさ》ごはんを食《た》べる子《こ》は、学校《がっこう》のせいせきがいい、というデータもあるよ。朝《あさ》ごはんを食《た》べないと、

ぼーっとしたまま午前中《ごぜんちゅう》をすごすことになるんだ。1日《にち》の半分《はんぶん》をぼんやりすごすなんて、もったいないよね。「朝《あさ》からそんなにたくさんは食《た》べられない」という子《こ》には、栄養《えいよう》たっぷりのバナナがおすすめ。

アクションプラン

朝食《ちょうしょく》にバナナを用意《ようい》してもらおう

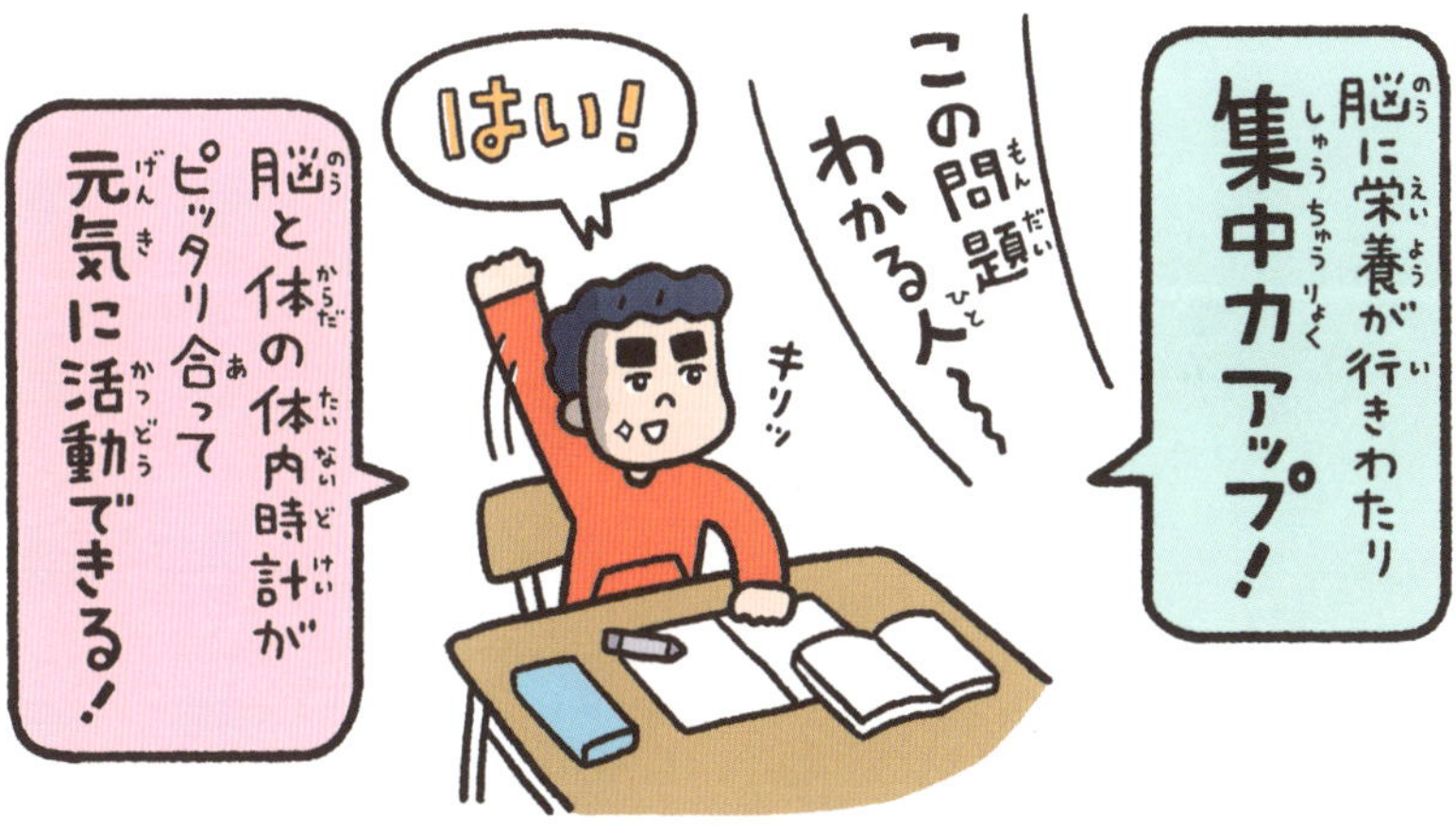
脳《のう》に栄養《えいよう》が行《い》きわたり集中力《しゅうちゅうりょく》アップ！
この問題《もんだい》わかる人《ひと》〜〜
はい！
キリッ
脳《のう》と体《からだ》の体内時計《たいないどけい》がピッタリ合《あ》って元気《げんき》に活動《かつどう》できる！

生活《せいかつ》の悩《なや》み
70

授業中《じゅぎょうちゅう》おなかが空《す》くのはどうしたらいい？

授業中《じゅぎょうちゅう》におなかが「グゥ〜」と鳴《な》って、はずかしい思《おも》いをした。お昼《ひる》の給食《きゅうしょく》のことが気《き》になってしかたなくて、授業《じゅぎょう》の内容《ないよう》が頭《あたま》に入《はい》ってこない……そんな子《こ》は、朝《あさ》ごはんのメニューを見直《みなお》したほうがいいかもしれないね。

おなかがへって「何《なに》か食《た》べたい」という気《き》もちの正体《しょうたい》は、「タンパク質《しつ》をとりたい」という体《からだ》からのサイン。授業中《じゅぎょうちゅう》におなかがへるという人《ひと》は、もしかするとタンパク質《しつ》が足《た》りていないのかも。お母《かあ》さん

やお父《とう》さんにおねがいして、タンパク質《しつ》がとれるようなメニューにかえてもらおう。自分《じぶん》でれいぞう庫《こ》から1品《ぴん》プラスするのもいいね。

アクションプラン

自分《じぶん》で用意《ようい》できる「タンパク質《しつ》食材《しょくざい》」を、朝食《ちょうしょく》に1品《ぴん》追加《ついか》してみよう

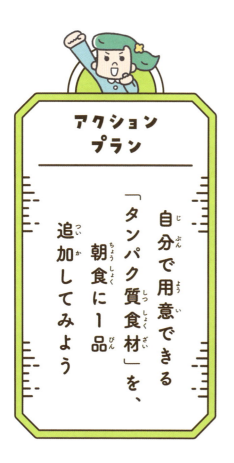

生活《せいかつ》の悩《なや》み

71

なんで大人《おとな》は外《そと》で遊《あそ》べって言《い》うの？

決《き》められたルールの中《なか》で楽《たの》しむゲームとはちがって、外《そと》で遊《あそ》ぶときは、自分《じぶん》たちでいろいろと考《かんが》えるひつようがある。「何回《なんかい》タッチしたらアウト」「チームわけはこうしよう」など、おにごっこやボール遊《あそ》びのルールを決《き》めるのも自分《じぶん》たち。

そうやって工夫《くふう》しながら遊《あそ》ぶと、「こうき心《しん》」が育《そだ》っていく。いろんなことにきょうみをもち、チャレンジしようとする力《ちから》につながるこうき心《しん》は、たくましく生《い》きていくうえでかかせない気《き》もちなんだ。

体《からだ》を動《うご》かす遊《あそ》びで、頭《あたま》がよくなるよ。外《そと》で友《とも》だちとおしゃべりするだけでもいい。自然《しぜん》の中《なか》にいるとリラックス効果《こうか》が期待《きたい》できるよ。

アクションプラン

放課後《ほうかご》、友《とも》だちを公園《こうえん》にさそってみよう

外《そと》遊《あそ》びで生《い》きていく力《ちから》を育《そだ》てよう

生活《せいかつ》の悩《なや》み

72

最近《さいきん》、気分《きぶん》がモヤモヤしてなんだか元気《げんき》が出《で》ません

なんだか最近《さいきん》モヤモヤする……という子《こ》は、そのモヤモヤの元《もと》をとりのぞくことも大切《たいせつ》だけど、もうひとつべつの方法《ほうほう》を教《おし》えるよ。

それは「朝散歩《あささんぽ》」。人《ひと》は、太陽《たいよう》の光《ひかり》をあびると「セロトニン」という幸《しあわ》せ物質《ぶっしつ》が活発《かっぱつ》になって、元気《げんき》になるんだ。

小学生《しょうがくせい》のみんなは「日光《にっこう》なら毎朝《まいあさ》、学校《がっこう》に行《い》くときにあびてるよ」って言《い》うかもしれないね。もちろんそれでOK《オーケー》だよ。モヤモヤを晴《は》らしたい子《こ》は、学《がっ》

校《こう》が休《やす》みの日《ひ》も、午前中《ごぜんちゅう》に15分《ふん》でいいから外《そと》に出《で》てみよう。できたら起《お》きてから1時間以内《じかんいない》がおすすめだよ。

アクションプラン

次《つぎ》の週末《しゅうまつ》の朝《あさ》、晴《は》れていたら近所《きんじょ》を散歩《さんぽ》してみよう

日光《にっこう》をあびると脳《のう》から「セロトニン」という幸《しあわ》せ物質《ぶっしつ》が出るよ

セロトニンとは

脳《のう》や体《からだ》の中《なか》で重要《じゅうよう》な役割《やくわり》をはたす神経伝達物質《しんけいでんたつぶっしつ》のこと。主《おも》に気分《きぶん》、すいみん、食欲《しょくよく》、体温調節《たいおんちょうせつ》などにかかわり、気《き》もちの安定感《あんていかん》や幸福感《こうふくかん》をふやします。

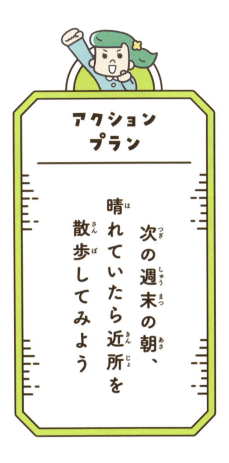

運動《うんどう》をすると何《なに》がいいの？

運動《うんどう》には、体《からだ》を強《つよ》くする以外《いがい》にも、いろんな効果《こうか》があるよ。運動《うんどう》をすると、脳《のう》のはたらきをよくする「神経細《しんけいさい》ぼう」にひつような物質《ぶっしつ》がどんどん出《で》るようになる。神経細《しんけいさい》ぼうが枝《えだ》をのばすと脳《のう》のネットワークが強化《きょうか》され、記《き》おく力《りょく》や集中力《しゅうちゅうりょく》が高《たか》まるんだ。

つまり、頭《あたま》がよくなって、勉強《べんきょう》もできるようになるってこと！　おすすめは、1日《にち》1時間《じかん》ぐらいの運《うん》動《どう》を週《しゅう》に2回以上《かいいじょう》すること。運動系《うんどうけい》の習《なら》いごとをやっている人《ひと》はそれでOK《オーケー》だし、そうでない人《ひと》は友《とも》

運動《うんどう》する

↓

脳《のう》のネットワーク（神経細《しんけいさい》ぼう）をつくるためにひつような物質《ぶっしつ》が出《で》る

↓

新《あたら》しい神経細《しんけいさい》ぼうが枝《えだ》をのばす

頭《あたま》がよくなる！
おすすめの運動《うんどう》

だちと外《そと》で遊《あそ》んで体《からだ》を動《うご》かすのもいいね。

くり返《かえ》しの動《うご》きよりも、ふくざつさや変化《へんか》のある動《うご》きをもとめられる運動《うんどう》がおすすめ。たとえば格《かく》とう技《ぎ》。今《いま》、習《なら》っている子《こ》が多《おお》いダンスも、頭《あたま》をよくするにはぴったりの運動《うんどう》と言《い》えます。球技《きゅうぎ》のように、しゅん時《じ》にはんだんして、次《つぎ》の動《うご》きをくり出《だ》すようなスポーツも◎。運動《うんどう》するときは、気《き》もちよくあせが流《なが》れるぐらいの動《うご》きを意識《いしき》しましょう。そして、「けいぞくは力《ちから》なり」という言葉《ことば》があるように、何《なに》よりもつづけることが大切《たいせつ》です。

アクションプラン

好《す》きなアイドルやTikTok《ティックトック》のマネをしておどってみよう

記《き》おく力《りょく》・集中力《しゅうちゅうりょく》がアップ！

生活《せいかつ》の悩《なや》み

74

なんで大人《おとな》は早《はや》くねなさいって言《い》うの？

小学生《しょうがくせい》にだって、ねないでやりたいことがいっぱいあるよね。「大人《おとな》ばっかり夜《よ》ふかししてずるい！」なんて思《おも》うかな？

でも、成長《せいちょう》と中《ちゅう》のこどもにとって、すいみんは何《なに》よりも大事《だいじ》。食《た》べ物《もの》からとる栄養《えいよう》とともに、ねる時間《じかん》があなたたちを大《おお》きく、強《つよ》くしてくれるんだ。すいみん時間《じかん》が不足《ふそく》するとイライラして、せいせきが悪《わる》くなったり、友《とも》だちとうまくいかなくなったりするよ。すいみんは心《こころ》のつかれも回復《かいふく》させてくれるか

日本《にほん》の小学生《しょうがくせい》はすいみん時間《じかん》が足《た》りていない！
小学生《しょうがくせい》の理想《りそう》のすいみん時間《じかん》は
9～12時間《じかん》

ら、つらいな、悲《かな》しいなって思《おも》ったときは、いつもより早《はや》くねるのもおすすめだよ。

あの大谷翔平選手《おおたにしょうへいせんしゅ》も、ねる時間《じかん》をとても大切《たいせつ》にしていることが知《し》られている。毎日学校《まいにちがっこう》で楽《たの》しくすごしたいなら、最低《さいてい》でも1日《にち》8時間《じかん》、できれば9～10時間《じかん》ねられるといいね。

アクションプラン

まくら元《もと》におく お気《き》に入《い》りのグッズを買《か》ってみよう

実際《じっさい》の小学《しょうがく》6年生《ねんせい》の平均《へいきん》すいみん時間《じかん》は

7.9時間《じかん》

朝《あさ》、なかなか起《お》きられません

「朝《あさ》、なかなか起《お》きられない」という子《こ》は、糖分《とうぶん》やセロトニンが足《た》りなかったり、血圧《けつあつ》や体温《たいおん》がひくかったりするのかもしれないね。すぐに起《お》き上《あ》がらないで、手足《てあし》をのばしたり、軽《かる》いストレッチをすると起《お》きやすくなることもあるよ。

モヤモヤしたときと同《おな》じように、朝《あさ》、散歩《さんぽ》して、太陽《たいよう》の光《ひかり》をあびよう。これを何日《なんにち》かくり返《かえ》すと、セロトニンの力《ちから》で、だんだんスッキリ目覚《めざ》められるよ

ピピピピピ
糖分《とうぶん》が足《た》りていない
ねむい〜
血圧《けつあつ》が低《ひく》い
セロトニンが足《た》りていない
体温《たいおん》が低《ひく》い

朝《あさ》、起《お》きられないのには理由《りゆう》があるよ

うになってくるはず。

毎日《まいにち》運動《うんどう》すると、体《からだ》も温《あたた》まりやすくなる。起《お》きてすぐシャワーをあびたり、あまいものを食《た》べたりするのもおすすめ。1日《にち》をがんばるためのエンジンがかかりやすくなるよ。

アクションプラン

まくら元《もと》にラムネをおいて 朝《あさ》、目覚《めざ》めたら 口《くち》に入《い》れてみよう

朝《あさ》散歩《さんぽ》で
体《からだ》をととのえよう

授業中《じゅぎょうちゅう》ねむくなるんだけど、どうしたらいい？

午前中《ごぜんちゅう》にねむくなるという子《こ》は、もしかするとすいみんの「りょう」が足《た》りていないのかもしれない。1日《にち》8～9時間以上《じかんいじょう》、たっぷりねているのにねむいという場合《ばあい》は、すいみんの「質《しつ》」が悪《わる》いのかも。ねる直前《ちょくぜん》までゲームをしたり、YouTube《ユーチューブ》を見《み》たりしていると、すんなりねむりにつくのがむずかしくなるよ。それから、朝《あさ》ごはんをぬくと、血糖《けっとう》が下《さ》がってねむくなることもあるよ。

ねる前《まえ》にするとよくないことトップ3

食事《しょくじ》

こうふんするような作品《さくひん》を見《み》る

スマホやゲーム

ぐっすりねむるには ねる前《まえ》2時間《じかん》のすごし方《かた》が大切《たいせつ》!

アクションプラン

ねる2時《じ》間《かん》前《まえ》ぐらいに、
おふろにゆっくり
つかってみよう

これも
アウトプット!

教《おし》える

「教《おそ》わる」よりも「教《おし》える」のが最強《さいきょう》の勉強法《べんきょうほう》

ここまで、アウトプットのれいをたくさん見《み》てきましたが、ここで、いちばん効果《こうか》のある最強《さいきょう》のアウトプットを明《あ》かしましょう。それはズバリ、「教《おし》える」こと。

教《おし》えることで、その内容《ないよう》は脳《のう》の中《なか》に定着《ていちゃく》します。そして、だれかに何《なに》かを教《おし》えるには、その内容《ないよう》をかんぺきに理解《りかい》していなくてはなりません。つまり、教《おし》えるために勉強《べんきょう》すると、脳《のう》は、内容《ないよう》を深《ふか》く理解《りかい》しようとはたらくのです。

また、うまく教《おし》えられない部分《ぶぶん》は、まだ理解《りかい》があまいということがわかります。その部分《ぶぶん》を重点的《じゅうてんてき》におさらいすることで、弱点《じゃくてん》がつぶせます。

友《とも》だちと教《おし》え合《あ》うのもよし、弟《おとうと》や妹《いもうと》、学童《がくどう》の下級生《かきゅうせい》に教《おし》えるのもよし。せっきょく的《てき》に先生役《せんせいやく》になってみましょう。

6章《しょう》

世《よ》の中《なか》のふしぎ

YouTuber《ユーチューバー》になりたいって言《い》うとなんで大人《おとな》はちょっと笑《わら》うの？

大人《おとな》が「YouTuber《ユーチューバー》になりたい」というこどもの夢《ゆめ》を真《しん》けんにとらえないのは、You《ユー》Tuber《チューバー》という道《みち》が大人《おとな》の頭《あたま》の中《なか》にないから。お母《かあ》さんやお父《とう》さんがこどもだったころに、You《ユー》Tube《チューブ》はなかったからね。

実際《じっさい》、YouTuber《ユーチューバー》として活《かつ》やくしている人《ひと》は世《よ》の中《なか》にいっぱいいるし、他《ほか》の夢《ゆめ》となんらかわりはない。YouTuber《ユーチューバー》にひつようなきかく力《りょく》や動画《どうが》編集《へんしゅう》のスキルがあれば、いろんな人《ひと》から

YouTube
やったー!!

引《ひ》っぱりだこのそんざいになれる。

だから、大人《おとな》のじょうしきに左右《さゆう》されず、あなたはあなたの思《おも》う道《みち》を行《い》けばいいんだよ。

アクションプラン

好《す》きなYouTuber《ユーチューバー》の登録者数《とうろくしゃすう》や、好《す》きな動画《どうが》の再生数《さいせいすう》を調《しら》べてみよう

人気職業《にんきしょくぎょう》ランキング
1位《い》　プロスポーツ選手《せんしゅ》
2位《い》　イラストレーター
3位《い》　YouTuber

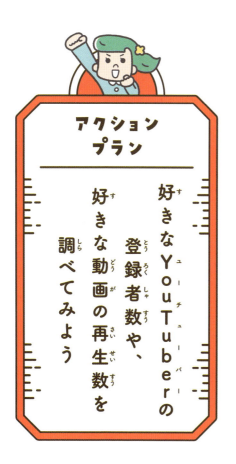

78

Snow Man《スノーマン》に会《あ》うにはどうしたらいいの？

Snow Man《スノーマン》ほどのトップアイドルになるとむずかしいかもしれないけど、「推《お》し」のそんざいとお近《ちか》づきになる方法《ほうほう》はいくらでもあるよ。「好《す》き」という熱《あつ》い気《き》もちをどうやってつたえたらいいか、考《かんが》えてみよう。できれば、みんなが思《おも》いつかないような方法《ほうほう》がいいね。

大人《おとな》になったら会《あ》えそうな仕事《しごと》につくのもひとつの手《て》だよ。たとえば、アイドルだったら、同《おな》じ芸能《げいのう》人《じん》、マネージャー、スタイリストにヘアメーク、テ

推《お》しに会《あ》いたい!!
うおぉぉぉ
手紙《てがみ》を書《か》く
SNSにコメント
この前《まえ》のドラマのえんぎとってもよかった！

レビ局《きょく》やざっし社《しゃ》の人《ひと》とか、いろいろ考《かんが》えられるよね。目標《もくひょう》ができると、推《お》し活《かつ》もさらに楽《たの》しくなるんじゃないかな。

アクションプラン

推《お》しにファンレターを書《か》いてみよう

世《よ》の中《なか》のふしぎ

79

大人《おとな》ってたいへん？ 楽《たの》しい？

大人《おとな》には、たいへんなことも楽《たの》しいこともあるよ。たいへんなことに出《で》くわすのはこわいけれど、それを乗《の》りこえることが人《ひと》としての成長《せいちょう》につながるんだ。だから、あまりこわがりすぎずに、人生《じんせい》に立《た》ち向《む》かっていってほしい。

そして、「楽《たの》しい」と思《おも》える大人《おとな》になるには、人《ひと》の意見《いけん》に左右《さゆう》されず、「自分《じぶん》の山《やま》」を登《のぼ》ることが大《たい》切《せつ》なんだ。だれかに「やらされている」と感《かん》じるような人生《じんせい》ではなく、自分《じぶん》でえらびとった山《やま》に登《のぼ》ろう。

そのためには、こどものうちの今《いま》から、自分《じぶん》の人生《じんせい》をどう生《い》きたいかを、しっかり考《かんが》えなくてはならないよ。

アクションプラン

20年《ねん》後《ご》の自分《じぶん》を想像《そうぞう》してみよう

大人《おとな》になったら、今《いま》と何《なに》がかわるの？

大人《おとな》になったら、住《す》む場所《ばしょ》も、食《た》べるものも、ねる時間《じかん》も、なんでも自分《じぶん》で決《き》められるようになる。決《き》められた学校《がっこう》に行《い》って、決《き》められた勉強《べんきょう》をしなければならない今《いま》よりも、ずっとずっと自由《じゆう》だよ。

ただしその分《ぶん》、せきにんも自分《じぶん》でとらなくてはいけない。何《なに》かあったらお母《かあ》さん、お父《とう》さんがすぐに助《たす》けてくれるのは今《いま》だけ。だから、こどもの今《いま》のうちにいろんなことをけいけんして、たくさん失敗《しっぱい》して、自分《じぶん》ひとりで生《い》きていける力《ちから》を育《そだ》てよう。

大人《おとな》になると いろんなことができるようになる！

車《くるま》の運転《うんてん》ができる
お酒《さけ》が飲《の》める
カンパーイ
好《す》きな仕事《しごと》につける
花屋《はなや》
好《す》きな場所《ばしょ》に住《す》める
好《す》きな時間《じかん》まで起《お》きていられる
その分《ぶん》せきにんも自分《じぶん》でとらないといけない

アクションプラン

大人《おとな》になったら
やりたいことを考《かんが》えてみよう

世《よ》の中《なか》のふしぎ
81

神《かみ》様《さま》っているの？

神様《かみさま》はいるかどうかわからない。神様《かみさま》がいるかいないか、何人《なんにん》いるか、どんな形《かたち》をしているかは、人《ひと》や国《くに》によってもちがっている。

でも、どんな人《ひと》も、朝日《あさひ》がのぼる様子《ようす》を見《み》てじんわり感動《かんどう》したり、すんでのところできけんからのがれたりしたけいけんはあるよね。そんなときは、神《かみ》様《さま》のそんざいをどことなく「感《かん》じる」んじゃないかな？

日本語《にほんご》には、「神々《こうごう》しい」という表現《ひょうげん》もあるよ。

なんかおちつくなぁ
いつもありがとうございます

世界《せかい》には いろんな神様《かみさま》がいる

日本《にほん》は、「八百万（やおよろず）の神《かみ》」といって、海《うみ》や山《やま》、川《かわ》、太陽《たいよう》など、「自然《しぜん》の中《なか》のいたるところに神様《かみさま》がいる」という考《かんが》えが根《ね》づいています。また、日本《にほん》をはじめ、世界《せかい》のあちこちで見《み》られる「神話《しんわ》」には、数《かぞ》えきれないほどの神様《かみさま》が登場《とうじょう》します。いっぽう、欧米《おうべい》では、「世界《せかい》を一《いち》からつくった人《ひと》」としての神様《かみさま》のそんざいが、多《おお》くの人《ひと》に信《しん》じられています。

「神《かみ》を信《しん》じますか？」という問《と》いは、まず「あなたにとっての神《かみ》とはなんですか？」というところから始《はじ》めなければならないのです。

神様《かみさま》について知《し》りたかったら、日本《にほん》だけでなく、世《せ》界《かい》にはどんな神様《かみさま》がいるのか、いろんな本《ほん》を読《よ》んで勉強《べんきょう》するのもいいね。

アクションプラン

近所《きんじょ》の神社《じんじゃ》に行《い》ってみよう

世《よ》の中《なか》のふしぎ 82

死《し》ぬっていたいの？ 死《し》んだらどうなるの？

「死《し》」にきょうみをもつのは健全《けんぜん》なこと。いろんなことをよく考《かんが》えているしょうこだね。死《し》んだらどうなるか、死《し》んだ人《ひと》に聞《き》いたことがないからだれにもわからない。

でも、ただひとつ、だれもが「いつかは死《し》ぬ」ということだけはわかっている。終《お》わりがあるからこそ、今日《きょう》をじゅう実《じつ》させようと思《おも》うことができるんだ。

いつか死《し》ぬその日《ひ》まで自分《じぶん》らしく、1日《にち》1日《にち》を大《たい》

切《せつ》にすごすことが、今《いま》を生《い》きているあなたたちにできることだよ。

死《し》が身近《みぢか》では なくなった現代《げんだい》

ほとんどの人《ひと》が病院《びょういん》でなくなるようになった今《いま》、「死《し》」は昔《むかし》ほど身近《みぢか》なものではなくなりました。おそう式《しき》に出《で》たことがない、おはかまいりに行《い》ったことがないという子《こ》も多《おお》いでしょう。「死《し》」が気《き》になるなら、お母《かあ》さんやお父《とう》さん、おじいちゃんやおばあちゃんに、ごせんぞ様《さま》の話《はなし》を聞《き》いてみるのがおすすめです。写真《しゃしん》でしか見《み》たことのない人《ひと》たちにも、それぞれに一生《いっしょう》けん命《めい》だった人生《じんせい》があったことを知《し》ると、「生《せい》」と「死《し》」のイメージがもう少《すこ》し身近《みぢか》なものになるかもしれません。

アクションプラン

お母《かあ》さんやお父《とう》さんに せんぞの話《はなし》を 聞《き》いてみよう

おわりに

この本《ほん》を読《よ》んで、「自分《じぶん》の世界《せかい》をかえるにはアウトプットが大切《たいせつ》」ということがわかったと思《おも》います。

あなたがどれほどすばらしい力《ちから》をもっていても、アウトプットしないかぎり、その実力《じつりょく》が人《ひと》につたわることはありません。まずはひとつでいいから、自分《じぶん》ができそうな「アクションプラン」を実際《じっさい》にやってみてください。どんなに小《ちい》さなアクションであっても、実際《じっさい》の行動《こうどう》にうつすことで、世界《せかい》は少《すこ》しずつかわっていくはず。あなたのみ力《りょく》が多《おお》くの人《ひと》につたわり、大好《だいす》きな人《ひと》たちとゆたかな人間関係《にんげんかんけい》をきずけるようになります。

とはいえ、この本《ほん》に書《か》いてあることだけが正解《せいかい》ではありません。自分《じぶん》の頭《あたま》で考《かんが》えて、自分《じぶん》の言葉《ことば》で人《ひと》につたえて、そして、自分《じ》分《ぶん》のやり方《かた》で行動《こうどう》してみましょう。この先《さき》、人間関係《にんげんかんけい》や勉強《べんきょう》、将《しょう》来《らい》のことに悩《なや》んだとき、アウトプットはきっとあなたの力《ちから》になってくれます。

今《いま》、「日本一《にほんいち》アウトプットしている精神科医《せいしんかい》」である私《わたし》が、「3対《たい》7」のバランスでアウトプットを実《じっ》せんするようになったのは、40さいをすぎてからのこと。それからおよそ20年《ねん》で、50さつをこえる本《ほん》を書《か》き、8000本以上《ぼんいじょう》のYouTube《ユーチューブ》動画《どうが》をこう新《しん》してきました。

もし、私《わたし》よりもずっとわかい、小学生《しょうがくせい》のあなたがアウトプットの大切《たいせつ》さに気《き》づいたなら、これからどれだけじゅう実《じっ》した人生《じんせい》を送《おく》れることか。きっと、信《しん》じられないぐらいに成長《せいちょう》できるでしょう。大人《おとな》として、あなたたちの未来《みらい》が楽《たの》しみです。

2025年春《ねんはる》　精神科医《せいしんかい》・樺沢紫苑《かばさわしおん》

保護者のみなさんへ　精神科医さわ

私は児童精神科医として、5歳のお子さんから大人まで、幅広い世代の人たちの〝こころ〟を診察しています。

クリニックにいらっしゃる子どもたちの中には、「生きるのがつらい」「消えてしまいたい」といった言葉を口にするお子さんもいます。悩みの種は学校の勉強、友人関係、家庭環境とさまざま。お子さんのお話だけではなく、「子どものために」とがんばっている親御さんの悩みを聞くことも多いです。

そんなみなさんに私がいつも伝えるのは、「どんなあなたでも大丈夫」というメッセージです。どんな人にも、抱いてはいけない感情はありません。感情を否定されることに慣れてしまうと、自分の本当の気持ちがわからなくなってしまいます。「死にたい」「消えたい」という感情すらも、否定すべきではないのです。クリニックでは「そう感じているあなた」を丸ごと受けとめるところから話を始めます。

子どもが「あの子とは仲よくなれない」「学校に行きたくない」と悩みをこぼしたり、「僕なんて、私なんて……」と自分を卑下したりしたとき。親としては「みんなと仲よくしなさい」「学校に行かないなんてダメ」「自分に自信を持ちなさい」と言いたくなるところですが、いったん正論は封印して、「そうなんだね」とお子さんのありのままの気持ちを受けとめてあげましょう。

あるいは、高学年にもなれば、信じられない口ぶりで親に反抗的な態度をとることもあるかもしれません。でも、子どものこうした言動は、他人（友達や親）と自分の違いに気づき、そのギャップを言葉や行動でどうにかしようとしている苦悩のあらわれです。立派な成長の証ですから、親は成長の伴走者として、どうかゆっくり見守ってあげてください。

そして、「どんなあなたでも大丈夫」は、子育てをがんばるお母さん、お父さんにもあてはまります。「こんな子育てでいいんだろうか……」という親の不安は子どもに伝わり、子どもにとっての安心感が失われてしまいます。

「いいお母さん」「いいお父さん」でなくても大丈夫。「子どものために」とあれこれ手を尽くすことよりも、お母さん、お父さんがそばで笑ってくれていることのほうが、子どもにとっては何よりうれしいのです。

そんな私も、11歳と9歳の子を持つ2児の母。まわりの手を借りつつ、シングルマザーとして子育てをしています。そして、長女には発達障害があり、不登校です。

長女が学校へ行かなくなった当初、私はなんとか行かせようと必死でした。「学校に行くのが当たり前」という意識が根づいていたし、行ってくれないと仕事にも支障が出る。「なんでうちの子だけ行けないいんだろう」と悩み、泣いたこともありました。

でも、不登校の要因はとても複雑で、「こうすれば行けるようになる」のような単純な解決策はありません。そして何より、いちばん苦しいのは、母親の私ではなく子ども自身です。

そのことに気づいてからは、「学校に行けても行けなくても、あなたの価値に変わりはないんだよ」ということを、娘に伝えるようにしています。

どんな人も「自分が今、どう思っているのか」という本当の気持ちを大切にして、自分に合う人に出会い、自分に合った居心地のいい場所で、毎日を安心してすごしてほしい。本書が、少しでもその助けになれば幸いです。

参考書籍・ウェブサイト

書籍

- 『学びを結果に変えるアウトプット大全』（樺沢紫苑、サンクチュアリ出版、2018年）
- 『学び効率が最大化するインプット大全』（樺沢紫苑、サンクチュアリ出版、2019年）
- 『ブレイン メンタル 強化大全』（樺沢紫苑、サンクチュアリ出版、2020年）
- 『精神科医が教えるストレスフリー超大全』（樺沢紫苑、ダイヤモンド社、2020年）
- 『19歳までに手に入れる 7つの武器』（樺沢紫苑、幻冬舎、2024年）
- 『児童精神科医が「子育てが不安なお母さん」に伝えたい子どもが本当に思っていること』（精神科医さわ、日本実業出版社、2024年）
- 『ウェブはグループで進化する』（ポール・アダムス、日経BP、2012年）

ウェブサイト

- 日本の人事部 ▸ https://jinjibu.jp
- カオナビ ▸ https://www.kaonavi.jp
- LITALICOジュニア ▸ https://junior.litalico.jp
- NurSHARE ▸ https://www.nurshare.jp
- エコチル ▸ https://www.ecochil.net

樺沢紫苑

精神科医、作家。1965年札幌市生まれ。札幌医科大学医学部卒。2004年からアメリカ・シカゴのイリノイ大学精神科に3年間留学。帰国後、樺沢心理学研究所を設立。

「情報発信によるメンタル疾患の予防」をビジョンとし、YouTube(60万人超)、メールマガジン(12万人)など累計100万人フォロワーに情報発信をしている。

シリーズ累計100万部の大ベストセラーとなった『学びを結果に変えるアウトプット大全』『学び効率が最大化するインプット大全』(サンクチュアリ出版)の他、著書52冊、累計発行部数260万部突破のベストセラー作家。

YouTube「精神科医・樺沢紫苑の樺チャンネル」
▶ https://www.youtube.com/@kabasawa3

精神科医さわ

児童精神科医。精神保健指定医、精神科専門医、公認心理師。1984年三重県生まれ。開業医の家庭に生まれ、薬剤師の母親の英才教育のもと、医学部を目指す。偏差値のピークは小学4年生。中高時代は南山中学校高校女子部で落ちこぼれ、1浪の末に医学部へ。藤田医科大学医学部を卒業後、精神科の勤務医として、アルコール依存症をはじめ多くの患者と向き合う。母としては、発達特性のある子どもの育児に苦労しながらも、シングルマザーとして2人の娘を育てている。長女が不登校となり、発達障害と診断されたことで「自分と同じような子どもの発達特性や不登校に悩む親御さんの支えになりたい」と勤務していた精神病院を辞め、名古屋市に「塩釜口こころクリニック」を開業。開業直後から予約が殺到し、現在も毎月約400人の親子の診察を行っている。これまで延べ3万人以上の診察に携わっている。2023年11月医療法人霜月之会理事長となる。はじめての著書『児童精神科医が「子育てが不安なお母さん」に伝えたい 子どもが本当に思っていること』(日本実業出版社)は4万部を超えるベストセラーに。

YouTube「精神科医さわの幸せの処方箋」
▶ www.youtube.com/@CocoroDr_Sawa

クラブS

サンクチュアリ出版の
公式ファンクラブです。

sanctuarybooks.jp
/clubs/

サンクチュアリ出版 YouTube チャンネル

出版社が選んだ
「大人の教養」が
身につくチャンネルです。

"サンクチュアリ出版
チャンネル" で検索

おすすめ選書サービス

あなたの
お好みに合いそうな
「他社の本」を無料で
紹介しています。

sanctuarybooks.jp
/rbook/

サンクチュアリ出版 公式 note

どんな思いで本を作り、
届けているか、
正直に打ち明けています。

https://note.com/
sanctuarybooks

人生を変える授業オンライン

各方面の
「今が旬のすごい人」
のセミナーを自宅で
いつでも視聴できます。

sanctuarybooks.jp
/event_doga_shop/

自分の思いを言葉にする　こどもアウトプット図鑑

2025年3月 7 日　初版発行
2025年7月17日　第6刷発行（累計3万3千部）

著者　　樺沢紫苑
監修者　精神科医さわ

デザイン　小口翔平＋畑中茜（tobufune）
イラスト　まつむらあきひろ
編集協力　中田千秋
DTP　エヴリ・シンク

営業　蒲原昌志
広報　岩田梨恵子
編集　吉田麻衣子

発行者　鶴巻謙介
発行所　サンクチュアリ出版
〒113-0023　東京都文京区向丘 2-14-9
TEL:03-5834-2507 FAX:03-5834-2508
https://www.sanctuarybooks.jp/
info@sanctuarybooks.jp

印刷・製本　株式会社シナノパブリッシングプレス